GRAMÁTICA ELEMENTAR

ERNANE GALVÊAS &
ELIAS CELSO GALVÊAS

GRAMÁTICA ELEMENTAR

Senac Nacional
Rio de Janeiro, 2013

Editor: Marília Pessoa (mpessoa@senac.br)

Coordenação de produção editorial: Sonia Kritz (soniakritz@senac.br)

Supervisão editorial: Wanessa Nemer
Copidesque: Martha Alkimin e Selma Monteiro
Projeto gráfico, capa e diagramação: Elizabeth Laffayette
Revisão: Simone Teles
Produção gráfica: Adriane Abbade e Juliana Schettino

Atendimento comercial: Ricardo Argento e Cláudia Cordeiro (gpde@senac.br)

Dados de Catalogação na Publicação

GALVÊAS, Ernane; GALVÊAS, Elias Celso. **Gramática elementar**.
Rio de Janeiro: Senac Nacional, 2013. 96 p. Inclui bibliografia.
ISBN 978-85-7458-335-8.

GRAMATICA; FONOLOGIA; ORTOGRAFIA; MORFOLOGIA; SINTAXE.

Ficha elaborada de acordo com as normas do **SICS** - Sistema de Informação e Conhecimento do Senac.

Senac Nacional
Av. Ayrton Senna, 5.555
Barra da Tijuca – CEP 22775-004
Rio de Janeiro – RJ
Tel.: (21) 2136-5668
gpde@senac.br
www.senac.br

PREFÁCIO

Foi uma excelente ideia do Dr. Ernane Galvêas e de seu filho, professor Elias Celso Galvêas, a elaboração de uma gramática elementar, ao ensejo do Novo Acordo Ortográfico. Foi também uma decisão oportuna e proveitosa do Senac assumir a publicação desse trabalho, com vistas à sua utilização nos cursos de educação profissional.

Ernane Galvêas é um economista renomado, com larga experiência de professor, atividade a que se dedicou desde os tempos de sua juventude, e tem vários livros publicados. Elias Celso é pedagogo, professor de Português, de Inglês e de Matemática, com grande conhecimento em todas essas matérias. É autor do excelente livro "China Século XXI", patrocinado e editado pela CNC.

Esta iniciativa vem ao encontro do esforço contínuo que o Governo vem desenvolvendo para o aprimoramento do ensino básico, fundamental e médio, de que são exemplos o Programa ABC (Avaliação Brasileira do Final do Ciclo de Alfabetização e o Pacto Nacional pela Alfabetização) na Idade Certa, com o objetivo de promover a alfabetização e realizar avaliações anuais.

Há 67 anos, o Senac oferece educação profissional de qualidade em cursos de formação inicial, qualificação técnica e educação superior, e mantém uma forte rede de ensino e apoio ao desenvolvimento educacional e social de jovens e adultos. As escolas do Senac e do Sesc, paralelamente às suas programações regulares, investem em cursos de suplementação para ajudar alunos de diferentes níveis de escolaridade a suprir deficiências acumuladas ao longo de todo o ensino regular, com vistas ao mercado de trabalho.

Todos sabemos da complexidade da nossa língua, mas conhecer o básico é essencial. E é exatamente esse repertório básico que Ernane e Elias Celso Galvêas selecionaram e apresentam de forma simples, clara e didática.

Antonio Oliveira Santos

Presidente da Confederação Nacional
do Comércio de Bens, Serviços e Turismo

AGRADECIMENTO

Esta gramática elementar, mesmo com toda sua simplicidade, contou com a preciosa colaboração e revisão do Professor Arnaldo Niskier, valorizando sobremaneira o nosso trabalho.

PALAVRA DOS AUTORES

A língua portuguesa é muito rica não só pela sua sonoridade e estrutura como também pela amplitude de seu vocabulário. Não é difícil falar e escrever em português. Difícil é falar e escrever bem, observando as situações de comunicação em que estamos inseridos e, por consequência, as particularidades da língua assumidas em cada uma dessas situações. Em outros termos, cada contexto comunicativo pressupõe a atenção e o cumprimento de certas regras no uso da língua portuguesa. Em ambientes mais informais, usamos a língua no registro coloquial; entretanto, quando escrevemos, somos obrigados a sair desse registro e adequá-lo a certos padrões previstos pela gramática, que, como sabemos, descreve uma modalidade mais formal de uso da língua portuguesa.

O estudo da gramática normativa pode ajudar o estudante a falar e a escrever o mais adequadamente possível, sobretudo em circunstâncias em que se exige o domínio do padrão formal da língua portuguesa. De um modo geral, muitos têm dificuldades com o português, seja pela maneira como ele é ensinado nas escolas, seja pela complexidade com que são formuladas as questões de certos exames de seleção para concursos públicos. Nesse sentido, os estudantes ficam atemorizados quando têm de fazer a distinção entre orações coordenadas, sindética ou assindética, e subordinadas substantiva, adjetiva ou adverbial. Dificuldade igual se constata também quando o assunto é a conjugação de certos verbos no modo indicativo ou subjuntivo, ou ainda diante da variedade de classificações assumidas pelas palavras **a** e **o**, que, a depender do contexto, podem aparecer, por exemplo, como artigo definido: "O pai saiu cedo" ou como pronome pessoal oblíquo: "Levei-o para passear".

O objetivo desta gramática elementar é ajudar o aluno no processo de conhecimento e no uso de certas regras básicas da língua portuguesa em sua modalidade formal, a partir de um caminho simples, mas não simplificador. Não se trata de um livro com vistas à preparação de exames vestibulares nem a quaisquer outras modalidades de exame de seleção. Trata-se tão somente, como o próprio título sugere – *Gramática elementar* – de um livro que deseja tornar acessível a compreensão do funcionamento da língua de que somos herdeiros. Nessa perspectiva, aspectos como o estudo da morfologia das palavras e a sua função sintática, ambas sempre dependentes do contexto da comunicação, serão o caminho adotado para que o domínio e o emprego adequado do registro formal da língua portuguesa possa ser alcançável por estudantes e demais interessados.

Ernane Galvêas
Elias Celso Galvêas

SUMÁRIO

INTRODUÇÃO

Esta gramática elementar foi preparada para dar um embasamento técnico aos estudantes dos últimos anos do ensino fundamental e do primeiro ano do ensino médio, que precisam escrever suas dissertações e exercícios de forma clara e correta. Foi também imaginada como um instrumento útil a todas as pessoas – secretárias, gerentes, assessores – que, rotineiramente, escrevem memorandos, cartas, relatórios e pareceres, no exercício de suas atividades profissionais, com a responsabilidade de produzir textos gramaticalmente corretos.

Como dissemos, o público-alvo a que esta gramática elementar se destina não serão os alunos que vão enfrentar as provas dos exames vestibulares, nos quais, em certos casos, o conhecimento exigido da língua portuguesa é muito mais sofisticado, às vezes excessivamente complicado.

Antes de começar o estudo desta gramática elementar, faça uma consulta rápida ao 1º capítulo intitulado "Quadro sinóptico da gramática normativa e sua divisão", que apresenta os elementos constitutivos básicos dos estudos gramaticais da língua portuguesa, voltados especificamente para a modalidade formal de uso da língua. É importante conhecê-los, em uma visão de conjunto, antes de começar a estudar e compreender cada uma de suas partes. Como regra, não é preciso decorar, mas guardar na memória uma ideia do conjunto. Isto vai ajudá-lo a entender cada um dos elementos compreendidos nos capítulos em que se divide o conteúdo deste livro.

Estamos certos de que, sem maior esforço, você vai acabar aprendendo o emprego do registro mais formal do nosso Português. Como todo aprendizado, este não começa e não termina em um só lance. Você terá que estudar e praticar; aprender e compreender o que leu e estudou e continuar praticando sempre o que aprendeu.

Ao ler uma carta, um livro ou um jornal, procure, sem maior esforço, perceber se está esse texto escrito em um registro adequado às exigências da língua escrita. E lembre-se: a leitura, além de ser uma fonte de ampliação do nosso vocabulário, é um caminho para, aprendermos a falar e escrever bem.

CONSELHO AOS ESTUDANTES: COMPREENDER MAIS, DECORAR MENOS

Machado de Assis, nosso maior escritor e o primeiro presidente da Academia Brasileira de Letras, teria dito um dia, que ele próprio não sabia todas as regras gramaticais. Certamente esse grande romancista não sabia tudo, mas dominava como poucos o manejo da língua portuguesa e suas regras, as quais foram aprendidas ao longo de uma vida devotada à leitura e à escrita. A força do uso atento e dedicado da língua portuguesa, portanto, é que conferiu a Machado de Assis esse lugar especial na literatura brasileira, assim como essa condição de admitir, por mais estranho que pareça, que ele não sabia gramática. Você, estudante, também não precisa saber tudo. Mas procure conhecer o básico essencial.

A língua portuguesa é de fato complexa e minuciosa. Dificilmente, alguém vai aprender suas regras integralmente, a não ser que seja um gramático ou um grande especialista. Mas você pode falar e escrever adequadamente, sem necessidade de decorar definições e classificações. Este é o objetivo desta gramática elementar: ajudá-lo a compreender o funcionamento da língua portuguesa em situações de uso formal.

Para tanto, procure sempre escrever tudo que puder, faça um diário de anotações e tenha sempre em mente que ler é também um aprendizado. Adquira o gosto pela leitura e tenha sempre em mãos um bom dicionário. Ler e escrever: eis o melhor caminho para aprimorar seu conhecimento da língua portuguesa, esta "última flor do Lácio, inculta e bela", como os versos de Olavo Bilac tão bem disseram.

Não se preocupe com a variedade das classificações gramaticais. Você, estudante ou leitor desta gramática elementar, como já dissemos, não precisa decorá-las. Não faça isso, pois será um sacrifício sem utilidade. É importante ter um conhecimento geral da gramática e da classificação das palavras, sem a preocupação de decorá-las.

No uso da língua portuguesa, como em qualquer outra língua, o essencial é saber formar as frases, empregando de forma consciente cada palavra ou termo. Regra básica: o que importa é o conjunto, a frase, a oração. Saber escrevê-las de forma que elas construam um todo que tenha significado.

QUADRO SINÓPTICO DA GRAMÁTICA NORMATIVA E SUA DIVISÃO

Para um aluno do ensino fundamental ou médio, o estudo da gramática normativa pode parecer algo desnecessário, pois as pessoas aprendem a falar e a escrever, sem estudar previamente a gramática de sua língua. Entretanto, não é verdade que a gramática não seja necessária. Em primeiro lugar, como falantes nativos da língua portuguesa aprendemos e internalizamos, com o meio em que vivemos, no convívio familiar e social, as regras para o uso da língua. Entretanto, quando precisamos escrever, é necessário que saibamos que essa mesma língua que aprendemos e falamos comporta-se de maneira mais formal. Em outras palavras, as chamadas regras da língua escrita são um tanto diferentes daquelas que usamos nas conversas e ambientes mais informais. Por isso, para escrever bem e adequadamente em língua portuguesa, ou em qualquer outro idioma, o estudo da gramática se torna importante.

Falar e escrever bem e adequadamente não significa falar e escrever de forma difícil, nem, tampouco, conhecer todas as classificações e as extensivas regras gramaticais. Entretanto, há algumas regras que são fundamentais para a elaboração de textos escritos e, por essa razão, é preciso compreendê-las, conhecê-las e aplicá-las e isso só é possível por meio do estudo da gramática.

A seguir apresentamos um quadro sinóptico da gramática da língua portuguesa e sua divisão. Observe-o.

Os estudos da gramática normativa dividem-se em três grandes áreas:

FONOLOGIA – Refere-se ao estudo dos fonemas da língua, tomando-os como unidades sonoras capazes de criar diferenças de significado entre as palavras. Fazem parte da Fonologia a **ortoepia** ou **ortoépia** (ou seja, o estudo da articulação e pronúncia dos vocábulos), **a prosódia** (isto é, o estudo da acentuação tônica dos vocábulos) e **a ortografia** (vale dizer, estudo da forma escrita das palavras);

MORFOLOGIA – Compreende o estudo das palavras e dos elementos que as constituem. A Morfologia analisa a estrutura, a formação e os mecanismos de flexão de gênero (masculino e feminino), de grau (aumentativo e diminutivo) e número (singular e plural) das palavras, além de dividi-las em classes gramaticais, a saber: substantivo, artigo, adjetivo, numeral, pronome, verbo, advérbio, preposição, conjunção, interjeição;

SINTAXE – Corresponde ao estudo das formas de relacionamento entre palavras ou entre orações. Divide- se em sintaxe das funções, que estuda a estrutura da oração e do período, a sintaxe das relações, a qual inclui a regência, a colocação pronominal e a concordância nominal e verbal.

Observe o quadro:

<table>
<tr><td colspan="2" rowspan="3">FONOLOGIA</td><td colspan="3">ORTOEPIA</td></tr>
<tr><td colspan="3">PROSÓDIA</td></tr>
<tr><td colspan="3">ORTOGRAFIA</td></tr>
<tr><td colspan="2" rowspan="13">MORFOLOGIA</td><td colspan="2" rowspan="10">CLASSES GRAMATICAIS</td><td>substantivo</td></tr>
<tr><td>artigo</td></tr>
<tr><td>adjetivo</td></tr>
<tr><td>numeral</td></tr>
<tr><td>pronome</td></tr>
<tr><td>verbo</td></tr>
<tr><td>advérbio</td></tr>
<tr><td>preposição</td></tr>
<tr><td>conjunção</td></tr>
<tr><td>interjeição</td></tr>
<tr><td colspan="2" rowspan="3">FLEXÕES</td><td>gênero</td></tr>
<tr><td>número</td></tr>
<tr><td>grau</td></tr>
<tr><td rowspan="12">SINTAXE</td><td rowspan="9">Sintaxe das funções</td><td rowspan="6">FORMAÇÃO DAS FRASES/ ORAÇÕES</td><td rowspan="4">Sujeito</td><td>simples</td></tr>
<tr><td>composto</td></tr>
<tr><td>indeterminado</td></tr>
<tr><td>oração sem sujeito</td></tr>
<tr><td rowspan="2">Predicado</td><td>verbo</td></tr>
<tr><td>complementos</td></tr>
<tr><td rowspan="3">PERÍODO E ORAÇÃO</td><td>Período simples</td><td></td></tr>
<tr><td rowspan="2">Período composto</td><td>por coordenação</td></tr>
<tr><td>por subordinação</td></tr>
<tr><td rowspan="3">Sintaxe das relações</td><td>CONCORDÂNCIA NOMINAL E VERBAL</td><td colspan="2" rowspan="3"></td></tr>
<tr><td>REGÊNCIA NOMINAL E VERBAL</td></tr>
<tr><td>COLOCAÇÃO PRONOMINAL</td></tr>
</table>

FONOLOGIA E ORTOGRAFIA: ALGUMAS OBSERVAÇÕES

FONEMA E LETRA

Como dissemos anteriormente, os fonemas são os sons elementares e distintivos que produzimos quando nos expressamos. É preciso, antes de tudo, dizermos que **fonema** não é o mesmo do que letra. O fonema é o som que ouvimos e a letra é o sinal que representa o sistema sonoro de uma língua.

Na língua portuguesa, os fonemas classificam-se em vogais, semivogais e consoantes.

VOGAIS: são fonemas pronunciados sem obstáculo à passagem de ar: *a, e, i, o, u*.

SEMIVOGAIS: são fonemas **i** e **u** que se unem a uma outra vogal, formando com esta uma só sílaba: *caixa, baile.*

CONSOANTES: são fonemas produzidos quando os lábios, os dentes e a língua opõem à passagem de ar: *bota, caderno, lâmpada.*

ANOTE:

SÍLABA: é cada grupo de sons pronunciados numa só emissão de voz. Quanto ao número de sílabas, as palavras podem ser: monossílabas (uma sílaba), dissílabas (duas sílabas), trissílabas (três silabas) e polissílabas (mais de três sílabas): *pó, ca-sa, mar-te-lo, re-pú-bli-ca.*

DÍGRAFO: é a união de duas letras representando um só fonema: *–ch = chato; –lh = velho.*

HIATO: é o encontro de duas vogais na mesma palavra, mas em sílabas diferentes: *país, raiz, rio.*

DITONGO: é o encontro de uma semivogal e uma vogal, ou vice-versa, na mesma sílaba: *pai, vai, mau.*

As sílabas pronunciadas com maior intensidade recebem o nome de sílabas tônicas: *pés, mês, já*. De acordo com a posição da sílaba tônica, as palavras podem ser:

OXÍTONAS: quando a sílaba tônica é a última: *você, jiló, olhar.*
PAROXÍTONAS: quando a sílaba tônica é a penúltima: *táxi, ônix, livro.*
PROPAROXÍTONAS: quando a sílaba tônica é a antepenúltima: *pássaro, lâmpada, paralelepípedo.*

ORTOGRAFIA E ACENTUAÇÃO

A ortografia é fruto de uma convenção. A forma de grafar as palavras é produto de acordos ortográficos que envolvem os diversos países nos quais a língua portuguesa é oficial, ou seja, é um padrão estabelecido.

Apresentamos a seguir algumas seções do Decreto nº 6583 – de 29 de setembro de 2008, que versa sobre o Novo Acordo Ortográfico da Língua Portuguesa –, que dizem respeito a alguns aspectos da ortografia. Vejamos:

Acentuação gráfica das palavras oxítonas

- Acentuam-se com acento agudo:

a) As palavras oxítonas terminadas nas vogais tônicas abertas *–a*, *–e* ou *–o*, seguidas ou não de *–s*: *está, estás, já, olá; até, café, é, és, olé, pontapé(s); avó(s), dominó(s), paletó(s), só(s).*

b) As formas verbais oxítonas, quando conjugadas com os pronomes *lo(s)* ou *la(s)* e terminam em vogal tônica aberta *–a*: *adorá-lo(s); dá-la(s), habitá-la(s).*

c) As palavras oxítonas com mais de uma sílaba terminadas no ditongo nasal *–em* ou *–ens*: *acém, detém, entretém, harém, porém, provém, também, deténs, entreténs, haréns, provéns.*

ATENÇÃO!

Constituem exceção destacada as formas dos verbos ter e vir, nas quais se usa o acento circunflexo: *eles têm, mantêm, detêm, provêm, advêm.*

d) As palavras oxítonas com os ditongos abertos *–éi*, *–éu* ou *–ói*, mesmo seguidos de *–s*: *anéis, batéis, fiéis, papéis; céu(s), chapéu(s), ilhéu(s), véu(s); corrói* (de *corroer), herói(s), remói* (de *remoer), sóis (de soer).*

- Acentuam-se com acento circunflexo:

a) As palavras oxítonas terminadas nas vogais tônicas fechadas *–e* ou *–o*, seguidas ou não de *–s*: *cortês, dê, dês, lê, lês, português, você; avô, pôs* (de *pôr), robô, judô, metrô.*

b) As formas verbais oxítonas, quando conjugadas com os pronomes *–lo(s) ou –la(s): detê-lo(s), fazê-la(s), vê-la(s), compô-la(s), pô-la(s).*

- A acentuação gráfica das vogais tônicas **i** e **u** das palavras oxítonas e paroxítonas:

a) As vogais tônicas **i** e **u** das palavras oxítonas e paroxítonas levam acento agudo quando antecedidas de uma vogal com que não formam ditongo e desde de que não constituam sílaba com a eventual consoante seguinte, excetuando o caso de **s**: *adaís* (pl. de *adail), aí, atraí* (de *atrair), baú, caís* (de *cair), Esaú, jacuí, Luís, país etc.; alaúde, amiúde, Araújo, Ataíde, atraíam* (de *atrair), atraísse (id.), baía, balaústre, cafeína, ciúme, egoísmo, faísca, faúlha, graúdo, influíste* (de *influir), juízes, Luísa, miúdo, paraíso, raízes, recaída, ruína, saída, sanduíche etc.*

b) As vogais tônicas **i** e **u** das palavras oxítonas e paroxítonas não levam acento agudo quando antecedidas de vogal com que não formam ditongo e constituem sílaba com a consoante seguinte, como é o caso de *–nh, –l, –m, –n, –r* e *–z*: *bainha, moinho, rainha; adail, paul, Raul; Aboim, Coimbra, ruim; ainda, constituinte, oriundo, ruins, triunfo; atrair, influir, influirmos; juiz, raiz* etc.

c) Em conformidade com as regras anteriores, leva acento agudo a vogal tônica **i** das formas oxítonas terminadas em **r** dos verbos terminados em *–air* e *–uir*, quando estas se combinam com as formas pronominais *–lo(s), –la(s)*, que levam à assimilação e perda do *–r*: *atraí-lo(s); atraí-lo(s)-ia; possuí-la(s); possuí-la(s)-ia.*

d) Prescinde-se do acento agudo nas vogais tônicas **i** e **u** das palavras paroxítonas, quando elas estão precedidas de ditongo: *cheiinho* (de *cheio*), *saiinha* (de *saia*).

e) Levam, porém, acento agudo as vogais tônicas **i** e **u** quando precedidas de ditongo, pertencem a palavras oxítonas e estão em posição final ou seguidas de **s**: *Piauí, teiú, teiús, tuiuiú, tuiuiús.*

ANOTE:

Não têm acento agudo: Parati, Bangu, urubu, caju.
Têm acento agudo: Icaraí, Piauí, Grajaú.

f) Prescinde-se do acento agudo nos ditongos tônicos **iu** e **ui**, quando precedidos de vogal: *distraiu, instruiu, pauis* (pl. de *paul*).

g) Os verbos *arguir* e *redarguir* prescindem do acento agudo na vogal tônica **u** nas formas rizotônicas: *arguo, arguis, argui, arguem, argua, arguas, argua, arguam*. Os verbos do tipo de *aguar, apaniguar, apaziguar, apropinquar, averiguar, desaguar, enxaguar, obliquar, delinquir* e afins, por oferecerem dois paradigmas, ou têm as formas rizotônicas igualmente acentuadas no **u**, mas sem marca gráfica (a exemplo de *averiguo, averiguas, averigua, averiguam*; *averigue, averigues, averigue, averiguem; enxaguo, enxaguas, enxagua, enxaguam; enxague, enxagues, enxague, enxaguem* etc.; *delinquo, delinquis, delinqui, delinquem*; *delinquimos, delinquís*) ou têm as formas rizotônicas acentuadas fônica e graficamente nas vogais **a** ou **i** radicais (a exemplo de *averíguo, averíguas, averígua, averíguam; averígue, averígues, averígue, averíguem; enxáguo, enxáguas, enxágua, enxáguaim; enxágue, enxágues, enxágue, enxáguem; delínquo, delínques; delínque, delínquem; delínqua, delínquas, delínqua, delínquam*).

OBSERVAÇÃO:

Em conexão com os casos acima referidos, registre-se que os verbos terminados em *–ingir* (*atingir, cingir, constringir, infringir, tingir,* etc.) e os verbos terminados em *–inguir* sem prolação do **u** (*distinguir, extinguir* etc.) têm grafias absolutamente regulares (*atinjo, atinja, atinge, atingimos* etc; *distingo, distinga, distingue, distinguimos* etc.).

Acentuação gráfica das palavras paroxítonas

As palavras paroxítonas não são em geral acentuadas graficamente: *enjoo, grave, homem, mesa, Tejo, vejo, velho, voo; avanço, floresta; abençoo, angolano, brasileiro; descobrimento, graficamente, moçambicano.*

a) Recebem, no entanto, acento agudo as palavras paroxítonas que apresentam, na sílaba tônica, as vogais abertas **a**, **e**, **o** e ainda **i** ou **u** e que terminam em *–l, –n, –r, –x* e *–ps*, assim como, salvo raras exceções, as respectivas formas do plural, algumas das quais passam a proparoxítonas: *amável* (pl. *amáveis*), *Aníbal, dócil* (pl. *dóceis*), *dúctil* (pl. *dúcteis*), *fóssil* (pl. *fósseis*), *réptil* (pl. *réptéis*; var. *reptil* pl. *reptis*); *cármen* (pl. *cármenes* ou *carmens*; var. *carme* pl. *carmes*); *dólmen* (pl. *dólmenes* ou *dolmens*), *éden* (pl. *édenes* ou *edens*), *líquen* (pl. *líquenes*), *lúmen* (pl. *lúmenes* ou *lumens*); *açúcar* (pl. *açúcares*), *almíscar* (pl. *almíscares*), *cadáver* (pl. *cadáveres*), *caráter* ou *carácter* (pl. *carateres* ou *caracteres*), *ímpar* (pl. *ímpares*); *córtex* (pl. *córtex*; var. *córtice*, pl. *córtices*), *índex* (pl. *index*; var. *índice*, pl. *índices*), *tórax,* (pl. *tórax* ou *tóraxes*; var. *torace*, pl. *toraces*); *bíceps* (pl. *bíceps*); *fórceps* (pl. *fórceps*).

b) E outras palavras paroxítonas com as vogais tônicas **e** e **o** em fim de sílaba: *pônei, pênis, tênis; bônus, ônus e Vênus.*

c) Não se acentuam os ditongos abertos **ei** e **oi** da sílaba tônica das palavras paroxítonas: *assembleia, boleia, ideia, apoio* (do verbo *apoiar*), tal como *apoio* (subst.), *comboio* (subst.), tal como *comboio, comboias* etc. (do verbo *comboiar*), *dezoito, estroina, heroico, introito, jiboia, moina, paranoico, zoina.*

d) É facultativo o acento agudo as formas verbais de pretérito perfeito do indicativo, do tipo *amámos, louvámos*, para as distinguir das correspondentes formas do presente do indicativo (*amamos, louvamos*).

• Recebem acento circunflexo:

a) As palavras paroxítonas que contêm, na sílaba tônica, as vogais **a, e, o** e que terminam em *-l, -n, -r* ou *-x*: *cônsul, têxtil, cânones, plâncton, âmbar, Câncer, Tânger*.

b) As palavras paroxítonas que contêm, na sílaba tônica, as vogais **a**, **e**, **o** e que terminam em *–ão(s)*, *–eis*, *–i(s)* ou *–us*: *bênção(s), côvão(s), Estêvão, zângão(s)*; *devêreis* (de *dever*), *escrevêsseis* (de *escrever*), *fôreis* (de *ser* e *ir*), *fôsseis* (id.), *ânus*.

c) As formas verbais *têm* e *vêm*, 3as pessoas do plural do presente do indicativo de *ter* e *vir,* (têm e vêm) e as correspondentes formas compostas, tais como: *abstêm* (cf. *abstém*), *advêm* (cf. *advém*), *contêm* (cf. *contém*), *convêm* (cf. *convém*), *desconvêm* (cf. *desconvém*), *detêm* (cf. *detém*), *entretêm* (cf. *entretém*), *intervêm* (cf. *intervém*), *mantêm* (cf. *mantém*), *obtêm* (cf. *obtém*), *provêm* (cf. *provém*), *sobrevêm* (cf. *sobrevém*).

d) Obrigatoriamente, *pôde* (3ª pessoa do singular do pretérito perfeito do indicativo), que se distingue da correspondente forma do presente do indicativo (*pode*) e *pôs* (idem, do verbo pôr).

- Não se usa acento circunflexo:

a) Nas formas verbais paroxítonas com a terminação *–em* da 3ª pessoa do plural do presente do indicativo ou do subjuntivo: *creem, deem, descreem, preveem, veem.*

b) Para assinalar a vogal tônica fechada *–o* em palavras paroxítonas como *voo, enjoo* (substantivo e flexão verbal).

c) Para distinguir palavras paroxítonas homógrafas: *para* (flexão de *parar*) e *para* (preposição); *pela* (substantivo) e *pela* (flexão de *pelar); pelo* (substantivo) e *pelo* (combinação de *per* e *lo); acerto* (substantivo) e *acerto* (verbo); *acordo* (substantivo) e *acordo* (verbo) etc.

Acentuação gráfica das palavras proparoxítonas

• Acentuam-se com acento agudo:

a) As palavras proparoxítonas que apresentam na sílaba tônica as vogais abertas *–a, –e, –o* e ainda *–i, –u*: *árabe, cáustico, Cleópatra, esquálido, exército, hidráulico, líquido, míope, músico, plástico, prosélito, público, rústico, tétrico, último*.

b) Os chamados ditongos crescentes: *náusea; enciclopédia; glória; escritório; mágoa; nódoa; exígua; língua; vácuo.*

• Levam acento circunflexo:

a) As palavras proparoxítonas que apresentam na sílaba tônica vogal fechada ou ditongo com a vogal básica fechada: *cânfora, cômputo, devêramos* (do verbo *dever*), *dinâmico, êmbolo, excêntrico, fôssemos* (de *ser* e *ir*), *lâmpada, sonâmbulo* etc.

b) Os chamados ditongos crescentes: *Amazônia, amêndoa, Antônio, distância, gênio, Islândia.*

ANOTE:

> Você não precisa decorar as regras de acentuação das palavras. À medida que lemos, estudamos, consultamos os dicionários, gradativamente, internalizamos cada uma delas.

A Morfologia reúne 10 classes de palavras, também chamadas de classes gramaticais, agrupadas por sua função ou forma. São elas: substantivo, artigo, adjetivo, numeral, pronome, verbo, advérbio, preposição, conjunção e interjeição.

CLASSES DE PALAVRAS

Substantivo

É a palavra que nomeia seres reais ou imaginários. Entre eles, incluem-se objetos, pessoas, lugares, processos, qualidades, estados e ações. Exemplos:

> O **lápis** é usado para escrever.
> **André** tem uma motocicleta.
> O **Rio de Janeiro** é uma cidade linda.
> A **bondade** é uma grande virtude.
> A **chegada** ao primeiro lugar do pódio é o sonho de todo atleta.

- Os substantivos classificam-se em:

> PRÓPRIOS: *Maria, Paulo, José, Paris, Rio de Janeiro, Argentina.*
> COMUNS: *menino, carro, cidade, país, casa, montanha.*
> SIMPLES: *mão, pé, porto.*
> COMPOSTOS: *contramão, pontapé, José Roberto, Porto Alegre.*
> COLETIVOS: *multidão, cardume, rebanho.*
> CONCRETOS: *pedra, cavalo, mar.*
> ABSTRATOS: *amor, medo, dor, paz.*
> PRIMITIVO: *mar.*
> DERIVADO: *marinheiro.*

- Flexão dos substantivos

Os substantivos variam conforme o gênero, o número e o grau:

GÊNERO: **masculino** (*menino*); **feminino** (*menina*); **uniformes** – quando se usa a mesma forma para os dois gêneros – (*a vítima*, *a cobra*);
NÚMERO: **singular** (*boca, gato, casa*); **plural** (*bocas, gatos, casas*);
GRAU: **aumentativo** (*bocarra, bocão; casarão; gatão*); **diminutivo** (*boquinha, casinha, gatinho*).

Artigo

O artigo é uma classe de palavra que determina os substantivos, de modo específico ou vago. Poder ser:

DEFINIDO: *o, a, os, as.*
INDEFINIDO: *um, uma, uns, umas.*

O artigo expressa a variação de número (singular ou plural), de gênero (masculino ou feminino) e pode ainda transformar qualquer palavra em substantivo. Exemplos:

o homem, *a* mulher; *os* homens, *as* mulheres
O **saber** é o alimento do espírito.

Observe que na frase acima a palavra "saber", porque está antecedida do artigo *o*, tornou-se um substantivo. Fora desse contexto, "saber" é uma palavra que pertence à classe dos verbos.

Adjetivo

Adjetivo é a palavra que caracteriza o substantivo. Observe que o adjetivo acompanha, isto é, concorda com o substantivo em gênero, número e grau. Sua posição em relação ao substantivo pode modificar o sentido deste. Exemplos:

a) Ele é um homem **grande**.
b) Ele é um **grande** homem.

Na frase **a**, o adjetivo "grande" caracteriza a altura, o tamanho do "homem", diferentemente do que se pode perceber na frase **b**. Nela, o adjetivo "grande" caracteriza "homem" como aquele que tem um valor ou caráter especial.

Veja a seguir os demais casos em que o adjetivo concorda com o substantivo a que se refere em gênero e número:

Todas elas são **bonitas** (feminino, plural).
O norueguês é **alto**; Os noruegueses são **altos** (masculino, plural).
André é um filho **amado** (masculino, singular).
Maria é uma pessoa **amada** (feminino, singular).
André e Maria são filhos **amados** (masculino, plural).
Joana e Maria são pessoas **queridas** (feminino, plural).

• Graus dos adjetivos

Além de flexionarem em número e gênero, os adjetivos também flexionam em grau:

GRAU COMPARATIVO: como o nome diz, compara algo entre dois seres:

- de igualdade – João é **tão** inteligente **quanto** Pedro.
- de superioridade – João é **mais** inteligente **do que** Pedro.
- de inferioridade – João é **menos** inteligente **do que** Pedro.

GRAU SUPERLATIVO: expressa um grau mais elevado de um ser ou deste em relação a um grupo. Assim temos:

- absoluto sintético – Paulo é educad**íssimo**.
- absoluto analítico – Eliana é **muito** (bastante, imensamente) inteligente.
- relativo de superioridade – Juliano é o **mais** dedicado dos alunos.
- relativo de inferioridade – Virgínia é a **menos** organizada das secretárias.

FORMAS ESPECIAIS DE GRAU				
Adjetivo	bom	mau	pequeno	grande
Comparativo (de superioridade ou inferioridade)	melhor	pior	menor	maior
Superlativo absoluto	ótimo	péssimo	mínimo	máximo
Superlativo relativo	o melhor	o pior	o menor	o maior

Numeral

É a palavra que se relaciona diretamente ao substantivo dando a ideia de número. Classificam-se em:

CARDINAL: indica quantidade:
Ganhei **dois mil reais** na loteria!
ORDINAL: expressa a posição de um ser numa sequência:
Ele foi o **terceiro colocado** na competição.
MULTIPLICATIVO: indica a quantidade multiplicada:
A empresa cobrou **o dobro do preço**!
FRACIONÁRIO: expressa a quantidade dividida ou fracionada:
Um terço dos alunos faltou à aula.

ANOTE:
Há numerais coletivos que indicam um conjunto numérico determinado: *dezena, centena, cento, milhar.*

Pronome

É a palavra que substitui ou acompanha o substantivo; apresenta os nomes e determina as pessoas do discurso. Há seis tipos de pronomes:

PESSOAIS
DEMONSTRATIVOS
INTERROGATIVOS
POSSESSIVOS
INDEFINIDOS
RELATIVOS

	OBLÍQUOS	
Retos	**Átonos**	**Tônicos**
Eu	me	mim / comigo
Tu	te	ti / contigo
Ele (a)	se, o, a, lhe	si, ele (a) / consigo
Nós	nos	nós / conosco
Vós	vos	vós / convosco
Eles (as)	se, os, as, lhes	si, eles (as) / consigo

Os pronomes pessoais do **caso reto** geralmente funcionam como sujeito da oração. Exemplo:

Ele trabalha na fábrica.

Os pronomes pessoais do **caso oblíquo** funcionam como objeto direto ou indireto. Exemplos:

Marta entregou-**me** o livro (entregou o livro a mim, objeto indireto).

Luís terminou o relatório e entregou-**o** ao chefe (objeto direto).

ANOTE:

De acordo com a gramática, é mais adequado dizer "eu **o** vi, primeiro". Não é recomendado, portanto, o emprego do pronome **lhe**, exemplo, "eu **lhe** vi, primeiro", pois quem vê, vê alguma coisa ou alguém e não **a** alguma coisa.

Os pronomes **mim**, **comigo**, **ti**, **contigo**, **si**, **consigo**, **conosco**, quando precedidos de preposição, funcionam na frase como **objeto indireto**, como ocorre com o pronome **mim** (a mim, de mim, para mim), ou com o pronome **você** e os pronomes **ele** (**a**) e **eles** (**as**).

Ele fez tudo **por mim**. Eles trabalharam **para mim**.
Eu entreguei o livro **a você**.
Eu entreguei o livro **a ele**.

Com os exemplos acima, estamos adiantando referências aos complementos verbais, do tipo objeto direto e objeto indireto. O estudo desses complementos é muito importante para escrever corretamente. Voltaremos a esse assunto no capítulo que trata da regência dos verbos e da construção das frases.

OBSERVAÇÕES:

O pronome **eu** (pronome pessoal, caso reto) só pode ser **sujeito** da oração. Isto porque deriva da palavra **ego**, que, em latim, só pode ter a função de sujeito. Portanto, é correto dizer "entre **mim** e você" e não "entre **eu** e você".

Em geral, os pronomes oblíquos aparecem como objeto direto ou indireto, dependendo de ser o verbo transitivo direto ou indireto, enquanto o pronome **lhe** (**lhes**) é sempre objeto indireto. Exemplos para praticar o emprego dos pronomes do caso oblíquo:

EMPREGO DOS PRONOMES DO CASO OBLÍQUO		
Objeto direto	Eles **nos** ouviram Ele **me** ajudou Eles **o** ajudaram	Observe a regra: quem ouve, ouve alguém; quem ajuda, ajuda alguém.
Objeto indireto	Ele entregou-**me** o livro Entreguei-**lhe** a encomenda	Observe a regra: quem entrega, entrega alguma coisa **a** alguém.
Adjunto adnominal	Tomei-**lhe** a namorada (a namorada dele)	
Complemento nominal	Tenho pena de **ti**	
Agente da passiva	A sala foi arrumada por **mim**	
Adjunto adverbial	Ele se afastou de **ti**	

Quando os pronomes **o**(**s**), **a**(**s**) seguem um verbo terminado em *–r, –s,* ou *–z,* tomam a forma de *lo, la, los, las*: entregar – *entregamo-la*; comer – *comê-lo*; comemos – *comemo-los*; fiz – *fi-lo*.

Quando seguem um verbo terminado em som nasal, tomam a forma de *no, na, nos, nas*: conhecem – *conhecem-no*; compõe – *compõe-no*.

- Pronomes demonstrativos

PRONOMES DEMONSTRATIVOS	EMPREGO
este, esta **estes, estas, isto**	Refere-se a algo que está mais próximo: **Esta** lapiseira que tenho na mão não é minha.
esse, essa **esses, essas, Isso**	Refere-se a algo que está a meia distância: **Essa** lapiseira com que você escreve está com defeito.
aquele, aquela **aqueles, aquelas** **aquilo**	Refere-se a algo que está a mais distante: **Aquela** lapiseira que vimos na loja é mais cara.

- Pronomes relativos

Os pronomes relativos são: **que**, **quem**, **qual**, **cujo**, **onde**, **quanto**.

- Emprego dos relativos:

O pronome relativo **que** é o de mais largo emprego, chamado **relativo universal**, pode ser usado com referência a pessoas ou coisas, no singular ou no plural. Exemplo:

> Li com atenção o trabalho **que** ele escreveu. (que = qual)

O pronome relativo **que** pode ter por antecedente o demonstrativo **o** (**a**, **os**, **as**). Exemplo:

> Ele não sabe **o que** diz, coitado! (o pronome equivale a *aquilo*).

O pronome relativo **cujo** (e variações) é relativo possessivo equivale a **do qual, de que, de quem**. Deve concordar com a coisa possuída. Exemplo:

Cortaram as árvores cujos troncos estavam podres.

Quanto, quantos e **quantas** são pronomes relativos quando seguem os pronomes indefinidos **tudo, todos** ou **todas**. Exemplo:

Anotou **tudo quanto** leu.

O pronome relativo **quem** se refere a uma pessoa ou a uma coisa personificada. Exemplo:

Não conheço a peça **a que** você se referiu.
Essa é a mulher a **quem** admiro tanto.

O pronome relativo **onde** deve ser usado para indicar lugar e ter sentido aproximado de **em que, no qual**. É empregado com verbos que não dão ideia de movimento. Exemplo:

Esta é a terra **onde** nasci.
Não moro na cidade **onde** nasci.

ANOTE:

Quando empregar **aonde**? Com verbos que dão ideia de movimento e equivale a **para onde,** sendo resultado da combinação da preposição **a** + **onde**. Exemplos:

Não sabíamos **aonde** ir.
Aonde você vai?

- Pronomes interrogativos

Os pronomes interrogativos: **que, quem, qual** (e variações), **quanto** (e variações) são usados na formulação de perguntas, sejam elas diretas ou indiretas. Assim como os pronomes indefinidos, referem-se à 3ª pessoa do discurso de modo impreciso. Exemplo:

Quem está aí? **Que** fazem eles?
Qual será o resultado? **Quanto** vale isto?

- Pronomes possessivos

Indicam posse e estabelecem a relação da pessoa do discurso com algo que lhe pertence.

NÚMERO	PESSOA	PRONOMES POSSESSIVOS	EMPREGO
Singular	**1ª**	meu, minha, meus, minhas	Carlos é **meu** irmão.
	2ª	teu, tua, teus, tuas	Este livro é **teu.**
	3ª	seu, sua, dele, dela	Esta é a **sua** cadeira. Essa cadeira é **dele**.
Plural	**1ª**	nosso, nossa, nossos, nossas	Esses livros são **nossos.**
	2ª	vosso, vossa, vossos, vossas	Admiro **vosso** trabalho.
	3ª	seus, suas, deles, delas	**Seus** filhos são educados. Os pais **delas** não vieram.

Ainda no estudo dos pronomes, apresentamos a seguir as regras básicas da colocação pronominal.

- Colocação dos pronomes oblíquos átonos

PRÓCLISE: o pronome vem antes do verbo. Exemplos:
Me dá um café (forma brasileira coloquial).
Não **me** disse nada. Sempre **nos** acompanhou.
ÊNCLISE: o pronome vem depois do verbo. Exemplos:
Dá-**me** um café (forma culta).
Ensinou-**me** a ler.
MESÓCLISE: o pronome vem intercalado ao verbo. Usa-se a mesóclise quando o verbo está no futuro do presente ou do pretérito. Exemplos:
Dar-**te**-ei um conselho.
Levar-**te**-ia um presente.

- Observações gerais sobre o emprego dos pronomes

a) Nunca inicie a frase com um pronome oblíquo: "**Me** apraz informar". O certo é "Apraz-**me** informar". Mas há formas populares, como vimos, que não podem ser recusadas, por exemplo, "**me** dê um abraço".

b) Os pronomes retos **eu, ele, nós** etc. assim como os pronomes relativos **que**, o **qual** e por **que**, e os advérbios **não, nem, nunca, sempre**, atraem o pronome oblíquo. São chamados partículas de atração. Exemplos:

Ele não **me** disse tudo e nem **me** contou a verdade.
Sempre **nos** recomendarem cuidado.
Eu nunca **te** pedi tal coisa.
Foi o que **me** disseram.
Tudo isso porque **te** amava.
Por que **me** pedes isto?
O qual **me** fez acreditar.

c) Com o gerúndio, a colocação do pronome é variada. Exemplos:

Ele estava **me** olhando.
Ele estava olhando-**me**.
Ele não **me** estava olhando (o não tem maior força de atração).

d) O pronome pessoal reto também atrai o pronome oblíquo. Exemplos:

Ele **me** pediu um favor.
Também cabe: Ele pediu-**me** um favor.
Eles **nos** contaram tudo.

e) Nas frases com verbo no infinitivo, há liberdade na colocação do pronome. Exemplos:

Eles precisam **lhe** acompanhar.
Eles precisam acompanhar-**lhe**.
Eles não precisam **lhe** acompanhar.
Eles não **lhe** querem bem.
Eles querem **lhe** comunicar.
Eles querem comunicar-**lhe**.

f) O mesmo ocorre com o verbo auxiliar **ter**, seguido de particípio passado. Exemplos:

Ele tinha **me** avisado.
Ele **me** tinha avisado.
Ele não **me** tinha avisado (o não tem força maior de atração).
Ele não tinha **me** avisado (a próclise ocorre em relação ao particípio).

g) Não se aceita a ênclise do particípio, como na frase "Ele tinha avisado-**me**".

Verbo

Verbo é uma classe de palavra que expressa uma ação, indica um movimento, um estado, uma mudança de estado, um fenômeno da natureza. O verbo varia em:

TEMPO: presente, passado e futuro
MODO: indicativo, subjuntivo e imperativo
PESSOA: 1ª, 2ª e 3ª pessoa do discurso
NÚMERO: singular, plural
VOZ: ativa, passiva e reflexiva

É importante não esquecer que o verbo é o principal elemento da oração. Por isso, não há oração sem verbo. Iniciaremos o estudo do verbo a partir de suas conjugações. Procure obter uma noção geral, a mais clara possível, do que contém esta seção relativa aos verbos, mas não se preocupe em decorar. Basta ter uma ideia geral e ampla das classificações e recorrer à gramática sempre que necessário. Você poderá aprender a escrever sem preocupar-se em decorar as classificações.

- Conjugação dos verbos

Os verbos são compostos basicamente de duas partes: **radical** e **desinência**. São as desinências que indicam as conjugações a que os verbos pertencem. Vejamos os seguintes exemplos:

- **cantar**, **vender**, **partir** (*cant–*, *vend–* e *part–* são o radical dos verbos).
- cant**ar**, vend**er** e part**ir** (*–ar*, *–er* e *–ir* são as desinências)

Conforme a NGB (Nomenclatura Gramatical Brasileira), os verbos pertencem a três conjugações **ar**, **er** e **ir**. Os verbos terminados em **or** (por exemplo, *pôr, supor, depor* etc. são considerados verbos de 2ª conjugação. E a explicação é simples: o verbo **pôr** deriva da forma latina **poner**.

• Formas do verbo

Os verbos apresentam ainda as seguintes formas nominais, assim chamadas porque podem desempenhar função de nomes:

INFINITIVO (ex: cantar)
PARTICÍPIO (ex: cantado)
GERÚNDIO (ex: cantando)

De acordo com o Professor Evanildo Bechara, o infinitivo pode ter função de substantivo (**recordar** é *viver* = a recordação é vida); o particípio pode valer por um adjetivo (*homem* **sabido**), e o gerúndio, por um advérbio ou adjetivo (**amanhecendo**, *sairemos* = logo pela manhã sairemos).

• Modos e tempos verbais

Do ponto de vista de sua conjugação, existem três modos:

INDICATIVO
SUBJUNTIVO
IMPERATIVO

Os modos, por sua vez, se distribuem em diversos tempos:

PRESENTE
PASSADO
FUTURO

Veja abaixo o esquema dessas divisões em modos e tempos

MODOS	TEMPOS	
INDICATIVO	**Presente**	
	Pretérito	perfeito imperfeito mais-que-perfeito
	Futuro	do presente e do presente composto
SUBJUNTIVO	Presente (que) Pretérito imperfeito (se) Futuro (quando)	
IMPERATIVO	Afirmativo Negativo	

ANOTE:

O modo subjuntivo indica dúvida, incerteza, possibilidade. Por isso, no presente do subjuntivo, usa-se a palavra **que** antes do verbo. No pretérito imperfeito, usa-se a palavra **se**, e no futuro, a palavra **quando**. Exemplos: **que** eu faça (expectativa, possibilidade, diferente de: **eu faço** – presente do indicativo); **se** eu fosse (hipótese, diferente de: **eu fui** – pretérito perfeito); **quando** ela estiver (uma possibilidade no futuro, diferente de: **ela estará**).

- Verbos regulares

Os verbos regulares, como vimos, pertencem a três conjugações: *–ar* (cant**ar**), *–er* (vend**er**) e *–ir* (part**ir**). Eles são conjugados em três modos, indicativo, subjuntivo e imperativo, cada qual com seus **tempos**:

MODOS	TEMPOS	
INDICATIVO	**Presente e Presente composto**	
	Pretérito	perfeito e perfeito composto imperfeito e imperfeito composto mais-que-perfeito e mais-que-perfeito composto
	Futuro	do presente e do presente composto do pretérito e do pretérito composto
SUBJUNTIVO	**Presente**	
	Pretérito	imperfeito e perfeito composto mais-que-perfeito composto
	Futuro	futuro e futuro composto
IMPERATIVO	**Afirmativo Negativo**	

• Conjugação dos verbos regulares

PRIMEIRA CONJUGAÇÃO – VERBOS TERMINADOS EM **AR**

FORMAS NOMINAIS				
Infinitivo impessoal	**Particípio passado**	**Infinitivo pessoal**	**Infinitivo impessoal composto**	**Infinitivo pessoal composto**
cantar	cantado	cantar cantares cantar cantarmos cantardes cantarem	ter cantado	ter cantado teres cantado ter cantado termos cantado terdes cantado terem cantado
Gerúndio	**Gerúndio composto**			
cantando	tendo cantado			

MODO INDICATIVO				
Presente	**Pretérito imperfeito**	**Pretérito perfeito**	**Pretérito mais-que-perfeito**	**Futuro do presente**
canto cantas canta cantamos cantais cantam	cantava cantavas cantava cantávamos cantávies cantavam	cantei cantaste cantou cantamos cantastes cantaram	cantara cantaras cantara cantáramos cantáreis cantaram	cantarei cantarás cantarás cantaremos cantareis cantarão
Futuro do pretérito	**Pretérito perfeito composto**	**Pretérito mais-que-perfeito composto**	**Futuro do presente composto**	**Futuro do pretérito composto**
cantaria	tenho cantado	tinha cantado	terei cantado	teria cantado
cantarias	tens cantado	tinhas cantado	terás cantado	terias cantado
cantaria	tem cantado	tinha cantado	terá cantado	teria cantado
cantaríamos	temos cantado	tínhamos cantado	teremos cantado	teríamos cantado
cantaríes	tendes cantado	tinheis cantado	tereis cantado	teríeis cantado
cantariam	têm cantado	tinham cantado	terão cantado	teriam cantado

MODO SUBJUNTIVO					
Presente	**Pretérito imperfeito**	**Pretérito perfeito composto**	**Pretérito mais-que-perfeito composto**	**Futuro**	**Futuro composto**
cante	cantasse	tenha cantado	tivesse cantado	cantar	tiver cantado
cantes	cantasses	tenhas cantado	tivesses cantado	cantares	tiveres cantado
cante	cantasse	tenha cantado	tivesse cantado	cantar	tiver cantado
cantemos	cantássemos	tenhamos cantado	tivéssemos cantado	cantarmos	tivermos cantado
canteis	cantásseis	tenhais cantado	tivésseis cantado	cantardes	tiverdes cantado
cantem	cantassem	tenhamos cantado	tivessem cantado	cantarem	tiverem cantado

MODO IMPERATIVO		
Afirmativo	**Negativo**	ANOTE:
canta tu cante ele cantemos nós cantai vós cantem eles	não cantes tu não cante ele não cantemos nós não canteis vós não cantem eles	Regra básica: no imperativo, as 2as pessoas – tu e vós são formadas a partir do presente do indicativo, retirando-se a letra **s** final. As demais pessoas são formadas pelo presente do subjuntivo sem qualquer alteração; no imperativo negativo, todas as pessoas se conjugam a partir do presente do subjuntivo sem qualquer alteração.

OBSERVAÇÃO:

Por que no modo imperativo não se conjuga a 1ª pessoa do singular (eu)? Porque não podemos ordenar ou comandar a nós mesmos.

SEGUNDA CONJUGAÇÃO – VERBOS TERMINADOS EM **ER**

FORMAS NOMINAIS				
Infinitivo impessoal	**Particípio passado**	**Infinitivo pessoal**	**Infinitivo impessoal composto**	**Infinitivo pessoal composto**
vender	vendido	vender venderes vender vendermos venderdes venderem	ter vendido	ter vendido teres vendido ter vendido termos vendido terdes vendido terem vendido
Gerúndio	**Gerúndio composto**			
vendendo	tendo vendido			

MODO INDICATIVO				
Presente	**Pretérito imperfeito**	**Pretérito perfeito**	**Pretérito mais-que-perfeito**	**Futuro do presente**
vendo	vendia	vendi	vendera	venderei
vendes	vendias	vendeste	venderas	venderás
vende	vendia	vendeu	vendera	venderás
vendemos	vendíamos	vendemos	vendêramos	venderemos
vendeis	vendíeis	vendestes	vendereis	vendereis
vendem	vendiam	venderam	venderam	venderão
Futuro do pretérito	**Pretérito perfeito composto**	**Pretérito mais-que-perfeito composto**	**Futuro do presente composto**	**Futuro do pretérito composto**
venderia	tenho vendido	tinha vendido	terei vendido	teria vendido
venderias	tens vendido	tinhas vendido	terás vendido	terias vendido
venderia	tem vendido	tinha vendido	terá vendido	teria vendido
venderíamos	temos vendido	tínhamos vendido	teremos vendido	teríamos vendido
venderíeis	tendes vendido	tinheis vendido	tereis vendido	teríeis vendido
venderiam	têm vendido	tinham vendido	terão vendido	teriam vendido

MODO SUBJUNTIVO					
Presente	**Pretérito imperfeito**	**Pretérito perfeito composto**	**Pretérito mais-que-perfeito composto**	**Futuro**	**Futuro composto**
venda	vendesse	tenha vendido	tivesse vendido	vender	tiver vendido
vendas	vendesses	tenhas vendido	tivesses vendido	venderes	tiveres vendido
venda	vendessse	tenha vendido	tivesse vendido	vender	tiver vendido
vendamos	vendêssemos	tenhamos vendido	tivéssemos vendido	vendermos	tivermos vendido
vendais	vendêsseis	tenhais vendido	tivésseis vendido	venderdes	tiverdes vendido
vendam	vendessem	tenhamos vendido	tivessem vendido	venderem	tiverem vendido

MODO IMPERATIVO	
Afirmativo	**Negativo**
vende tu	não vendas tu
venda ele	não venda ele
vendamos nós	não vendamos nós
vendai vós	não vendais vós
vendam eles	não vendam eles

TERCEIRA CONJUGAÇÃO – VERBOS TERMINADOS EM **IR**

FORMAS NOMINAIS				
Infinitivo impessoal	**Particípio passado**	**Infinitivo pessoal**	**Infinitivo impessoal composto**	**Infinitivo pessoal composto**
partir	partido	partir partires partir partirmos partirdes partirem	ter partido	ter partido teres partido ter partido termos partido terdes partido terem partido
Gerúndio	**Gerúndio composto**			
partindo	tendo partido			

MODO INDICATIVO				
Presente	**Pretérito imperfeito**	**Pretérito perfeito**	**Pretérito mais-que-perfeito**	**Futuro do presente**
parto partes parte partimos partis partem	partia partias partia partíamos partíeis partiam	parti partiste partiu partimos partistes partiram	partira partiras partira partíramos partíreis partiram	partirei partirás partirás partiremos partireis partirão
Futuro do pretérito	**Pretérito perfeito composto**	**Pretérito mais-que-perfeito composto**	**Futuro do presente composto**	**Futuro do pretérito composto**
partiria	tenho partido	tinha partido	terei partido	teria partido
partirias	tens partido	tinhas partido	terás partido	terias partido
partiria	tem partido	tinha partido	terá partido	teria partido
partiríamos	temos partido	tínhamos partido	teremos partido	teríamos partido
partiríeis	tendes partido	tínheis partido	tereis partido	teríeis partido
partiriam	têm partido	tinham partido	terão partido	teriam partido

MODO SUBJUNTIVO					
Presente	**Pretérito imperfeito**	**Pretérito perfeito composto**	**Pretérito mais-que-perfeito composto**	**Futuro**	**Futuro composto**
parta	partisse	tenha partido	tivesse partido	partir	tiver partido
partas	partisses	tenhas partido	tivesses partido	partires	tiveres partido
parta	partisse	tenha partido	tivesse partido	partir	tiver partido
partamos	partíssemos	tenhamos partido	tivéssemos partido	partirmos	tivermos partido
partais	partísseis	tenhais partido	tivésseis partido	partirdes	tiverdes partido
partam	partissem	tenhamos partido	tivessem partido	partirem	tiverem partido

MODO IMPERATIVO	
Afirmativo	**Negativo**
parte tu	não partas tu
parta ele	não parta ele
partamos nós	não partamos nós
parti vós	não partais vós
partam eles	não partam eles

- Conjugação de verbos irregulares: pôr;ir, ver, vir, trazer

MODO INDICATIVO				
Pôr	**Ir**	**Ver**	**Vir**	**Trazer**
Presente				
ponho	vou	vejo	venho	trago
pões	vais	vês	vens	trazes
põe	vais	vês	vem	traz
pomos	vamos	vemos	vimos	trazemos
pondes	ides	vedes	vindes	trazeis
põem	vão	veem	vêm	trazemos
Pretérito perfeito				
pus	fui	vi	vim	trouxe
puseste	foste	viste	vieste	trouxeste
pôs	foi	viu	veio	trouxe
pusemos	fomos	vimos	viemos	trouxemos
pusestes	fostes	vides	viestes	trouxestes
puseram	foram	viram	vieram	trouxeram
Pretérito imperfeito				
punha	ia	via	vinha	trazia
punhas	ias	vias	vinhas	trazias
punha	ia	via	vinha	trazia
púnhamos	íamos	víamos	vínhamos	trazíamos
púnheis	íeis	víeis	vínheis	trazíeis
punham	iam	viam	vinham	traziam
Pretérito mais-que-perfeito				
pusera	fora	vira	viera	trouxera
puseras	foras	viras	vieras	trouxeras
pusera	fora	vira	viera	trouxera
puséramos	fôramos	viramos	viéramos	trouxéramos
puséreis	fôreis	vireis	viéreis	trouxéreis
puseram	foram	viram	vieram	trouxeram

MODO SUBJUNTIVO				
Pôr	**Ir**	**Ver**	**Vir**	**Trazer**
		Presente		
ponha	vá	veja	venha	traga
ponhas	vás	vejas	venhas	tragas
ponha	vá	veja	venha	traga
ponhamos	vamos	vejamos	venhamos	tragamos
ponhais	vades	vejais	venhais	tragais
ponham	vão	vejam	venham	tragam
		Pretérito imperfeito		
pusesse	fosse	visse	viesse	trouxesse
pusesses	fosses	visses	viesses	trouxesses
pusesse	fosse	visse	viesse	trouxesse
puséssemos	fôssemos	vissemos	viéssemos	trouxéssemos
pusésseis	fôsseis	visseis	viésseis	trouxésseis
pusessem	fossem	vissem	viessem	trouxessem
		Futuro		
puser	for	vir	vier	trouxer
puseres	fores	vires	vieres	trouxeres
puser	for	vir	vier	trouxer
pusermos	formos	virmos	viermos	trouxermos
puserdes	fordes	virdes	vierdes	trouxerdes
puserem	forem	virem	vierem	trouxerem

MODO IMPERATIVO	
Afirmativo	**Negativo**
por – põe	não ponhas (tu)
ir – vai	não vás
ver – vê	não vejas
vir – vem	não venhas
trazer – traze	não tragas

- Verbos auxiliares

Há em português, quatro verbos auxiliares: **ser, estar, ter** e **haver**. Os tempos e os modos dos verbos auxiliares são os mesmos dos demais verbos regulares.

- Conjugação dos verbos auxiliares

MODO INDICATIVO			
Ser	**Estar**	**Ter**	**Haver**
Presente			
sou	estou	tenho	hei
és	estás	tens	hás
é	estás	tem	hás
somos	estamos	temos	havemos
sois	estais	tendes	haveis
são	estão	têm	hão
Pretérito perfeito			
fui	estive	tive	houve
foste	estiveste	tiveste	houveste
foi	esteve	teve	houve
fomos	estivemos	tivemos	houvemos
fostes	estivestes	tivestes	houvestes
foram	estiveram	tiveram	houveram
Pretérito imperfeito			
era	estava	tinha	havia
eras	estavas	tinhas	havias
era	estava	tinha	havia
éramos	estávamos	tínhamos	havíamos
éreis	estáveis	tínheis	havíeis
eram	estavam	tinham	haviam
Pretérito mais-que-perfeito			
foram	estiveram	tiveram	houvera
foras	estiveras	tiveras	houveras
fora	estivera	tivera	houvera
fôramos	estivéramos	tivéramos	houvéramos
fôreis	estivéreis	tivéreis	houvéreis
foram	estiveram	tiveram	houveram

• Conjugação dos verbos auxiliares / continuação

MODO INDICATIVO			
Ser	**Estar**	**Ter**	**Haver**
Futuro do presente			
serei	estarei	terei	haverei
serás	estarás	terás	haverás
será	estará	terá	haverá
seremos	estaremos	teremos	haveremos
sereis	estareis	tereis	havereis
serão	estarão	terão	haverão
Futuro do pretérito			
seria	estaria	teria	haveria
serias	estarias	terias	haverias
seria	estaria	teria	haveria
seríamos	estaríamos	teríamos	haveríamos
seríeis	estaríeis	teríeis	haveríeis
seriam	estariam	teriam	haveriam

• Conjugação dos verbos auxiliares / continuação

MODO SUBJUNTIVO			
Ser	**Estar**	**Ter**	**Haver**
Presente			
seja	esteja	tenha	haja
sejas	estejas	tenhas	hajas
seja	esteja	tenha	haja
sejamos	estejamos	tenhamos	hajamos
sejais	estejais	tenhais	hajais
sejam	estejam	tenham	hajam
Pretérito imperfeito			
fosse	estivesse	tivesse	houvesse
fosses	estivesses	tivesses	houvesses
fosse	estivesse	tivesse	houvesse
fôssemos	estivéssemos	tivéssemos	houvéssemos
fôsseis	estivésseis	tivésseis	houvésseis
fossem	estivessem	tivessem	houvessem
Futuro			
for	estiver	tiver	houver
fores	estiverdes	tiveres	houveres
for	estiver	tiver	houver
formos	estivermos	tivermos	houvermos
fordes	estiverdes	tiverdes	houverdes
forem	estiverem	tiverem	houverem

• Conjugação dos verbos auxiliares / continuação

MODO IMPERATIVO			
Ser	**Estar**	**Ter**	**Haver**
Afirmativo			
sê tu	está tu	tem tu	há tu
seja você	esteja você	tenha você	haja você
sejamos nós	estejamos nós	tenhamos nós	hajamos nós
sede vós	estai vós	tende vós	havei vós
sejam vocês	estejam vocês	tenham vocês	hajam vocês
Negativo			
não sejas	não estejas	não tenhas	não hajas
não sejas	não esteja	não tenha	não hajas
não sejamos	não estejamos	não tenhamos	não hajamos
não sejais	não estejais	não tenhais	não hajais
não sejam	não estejam	não tenham	não hajam

FORMAS NOMINAIS			
Ser	**Estar**	**Ter**	**Haver**
Infinitivo impessoal			
ser eu	estar eu	ter eu	haver eu
seres tu	estares tu	teres tu	haveres tu
ser ele	estar ele	ter ele	haver ele
sermos nós	estarmos nós	termos nós	havermos nós
serdes vós	estardes vós	terdes vós	haverdes vós
serem eles	estarem eles	terem eles	haverem eles
Particípio passado			
sido	estado	tido	havido
Gerúndio (particípio presente)			
sendo	estando	tendo	havendo

• Locuções verbais

Por locução verbal entende-se a combinação de dois verbos: o primeiro é auxiliar (em sua forma simples ou composta) e o segundo é o verbo principal, o qual pode estar no infinitivo, no gerúndio ou no particípio. As mais importantes locuções verbais são:

1. **ser** + verbo principal no particípio passado, que forma **voz passiva**, ou seja, indica que a pessoa do sujeito recebe a ação. Observe-se a conjugação do verbo **amar** na voz passiva: eu sou amado; ele estava cansado.

2. **estar, andar, ir, vir** + verbo principal no gerúndio, que expressa **continuidade da ação**. Exemplos:

   Estou lendo um romance.
   Felisberto **anda correndo** o mundo.
   Eu trabalho e tu **vais vivendo** em paz.
   Maria **vem subindo** o morro.

3. **ter de** + verbo principal no infinitivo, que expressa obrigação. Exemplos:

   Tenho de estudar para o Vestibular.
   Você terá de trabalhar muito.

4. **haver de** + verbo principal no infinitivo, que expressa intenção ou desejo. Exemplos:

   Hei de estudar para o Vestibular.
   Haveremos de encontrar uma solução.

Nas locuções verbais, somente o verbo auxiliar é conjugado, permanecendo o verbo principal em sua forma nominal, de infinitivo, gerúndio ou particípio passado.

- Vozes do verbo

Como dissemos anteriormente, os verbos apresentam as seguintes variações de voz:

ATIVA: forma em que o verbo se apresenta para indicar que a pessoa a que se refere é o agente da ação. Exemplo: João escreveu aquele e-mail.

PASSIVA: forma em que o verbo indica que a pessoa é o objeto da ação verbal, ou, em outras palavras que o sujeito recebe a ação.

a) **sintética**: formada por verbo transitivo direto + pronome **se** (pronome apassivador). Exemplo: Vendem-**se** casas.

b) **analítica**: formada por sujeito paciente + verbo auxiliar (ser ou estar) + verbo principal no particípio + agente da passiva. Exemplo: As encomendas foram recebidas pela secretária.

REFLEXIVA: é o caso em que o sujeito pratica e recebe ação. Exemplo: Ele **se** barbeou.

ATENÇÃO!

Regra importante: Não separe nunca o verbo de seu sujeito por uma vírgula.

Advérbio

Advérbio é a palavra modificadora do verbo, do adjetivo ou de um outro advérbio, que denota alguma circunstância de:

MODO: *alegremente, elegantemente, possivelmente (dúvida) efetivamente;*
TEMPO: *hoje, amanhã, ontem, agora, antes, depois, quando;*
LUGAR: *aqui, ali, lá, perto, longe, dentro, fora, acima, abaixo;*
INTENSIDADE: *muito, pouco, demais, tão;*
NEGAÇÃO: *não, nunca, jamais, tampouco;*
AFIRMAÇÃO: *sim, ainda, mesmo.*

ANOTE:

Há certos advérbios, principalmente os de modo, que podem manifestar uma relação intensificadora gradual, empregando-se, no comparativo e superlativo, de acordo com as regras que se aplicam aos adjetivos.

COMPARATIVO DE		
Inferioridade	**Igualdade**	**Superioridade**
Falou *menos* alto *que* (ou *do que*) o irmão.	Falou *tão* alto *quanto* (ou *como*) o irmão.	1) analítico: Falou *mais* alto *que* (ou *do que*) o irmão. 2) sintético: Falou *melhor* (ou *pior*) *que* (ou *do que*) o irmão.

SUPERLATIVO ABSOLUTO	
Sintético	**Analítico**
Falou *pessimamente, altíssimo, baixíssimo, dificílimo.*	Falou *muito* ruim, *muito* alto, *extremamente* baixo, *consideravelmente* difícil, o *mais* depressa possível (indica o limite da possibilidade).

Preposição

É uma palavra que liga termos ou orações. Classificam-se em: essenciais (as fundamentais) e acidentais, que são palavras que podem funcionar como preposições.

ESSENCIAIS: *a, ante, após, até, com, contra, de, desde, em, entre, para, perante, por (per), sem, sob, sobre, trás.* Exemplo: Mostrou-se mais confiante, **após** estudar o assunto.

ACIDENTAIS: exceto, durante, consoante, mediante, fora, afora, segundo, tirante, senão, visto. Exemplo: Fez todos os exercícios, **exceto** o último.

- Locuções prepositivas

São duas ou mais palavras que fazem o papel de uma preposição.

ao lado de	através de
antes de	de acordo com
além de	com respeito a
adiante de	por causa de
a despeito de	quanto a
acima de	respeito a
abaixo de	junto a
depois de	em atenção a
em torno de	graças a
a par de	apesar de

OBSERVAÇÃO:

A última palavra das locuções prepositivas é sempre uma preposição.

- Contrações e combinações

As preposições **a** e **de** se juntam ao artigo definido e a alguns pronomes, como os casos abaixo. Exemplos:

a + o = **ao**
a + os = **aos**
a + a = **à**
a + as = **às**
a + aquele = **àquele**
a + aquela = **àquela**
a + aqueles = **àqueles**
a + aquelas = **àquelas**
a + aquilo = **àquilo**
de + o = **do**
de + este = **deste**
de + esse = **desse**
de + isto = **disto**
de + aquele = **daquele**

Também se juntam ao artigo as preposições **em** e **por**. Exemplos:

em + o = **no**
em + a = **na**
em + os = **nos**
em + as = **nas**
por + o = **pelo**
por + a = **pela**
por + os = **pelos**
por + as = **pelas**

Na fusão com o artigo indefinido **um** (uma, uns, umas), as preposições **de** e **em** formam: Exemplos:

de + um = **dum** (duma, duns, dumas)
em + um = **num** (numa, nuns, numas)

Conjunção

É a palavra que liga orações basicamente, estabelecendo entre elas uma relação de coordenação ou de subordinação.

As conjunções classificam-se em coordenativas e subordinativas.

COORDENATIVAS: ou seja, aquelas que ligam duas orações independentes (coordenadas), ou dois termos que exercem a mesma função sintática dentro da oração.

Veja o quadro a seguir e observe o sentido de cada conjunção:

Aditivas (adição)	e, nem, mas também, como também, bem como, mais ainda
Adversativas (adversidade, oposição)	mas, porém, todavia, contudo, antes (= pelo contrário), não obstante, apesar disso
Alternativas (alternância, exclusão, escolha)	ou, ou...ou, ora...ora, quer...quer
Conclusivas (conclusão)	logo, portanto, pois (depois do verbo) por conseguinte, por isso
Explicativas (justificação)	pois (antes do verbo), porque, que, porquanto

SUBORDINATIVAS: ligam duas orações dependentes subordinando uma à outra.

Causais	porque, visto que, já que, uma vez que, como, desde que
Comparativas	como, (tal) qual, assim como, (tanto) quanto, (mais ou menos +) que
Condicionais	se, caso, contanto que, desde que, salvo se, sem que (= se não), a menos que
Consecutivas (consequência, resultado, efeito)	que (precedido de tal, tanto, tão etc. - indicadores de intensidade), de modo que, de maneira que, de sorte que, sem que
Conformativas (conformidade, adequação)	conforme, segundo, consoante, como
Concessiva	embora, conquanto, posto que, por muito que, se bem que, ainda que, mesmo que
Temporais	quando, enquanto, logo que, desde que, assim que, mal (= logo que), até que
Finais	a fim de que, para que, que
Proporcionais	à medida que, à proporção que, ao passo que, quanto mais (tanto menos)
Integrantes	que, se

As conjunções integrantes introduzem as orações subordinadas substantivas, enquanto as demais iniciam orações subordinadas adverbiais. Muitas vezes a função de interligar orações é desempenhada por locuções conjuntivas, advérbios ou pronomes.

Interjeição

Interjeição é a palavra invariável que traduz uma emoção súbita, geralmente de surpresa, vindo sempre acompanhada de um ponto de exclamação (!). Não é uma palavra que tenha uma função definida na frase. Mas, na sua simplicidade, é plena de significado. Exemplos:

Oh! Que maravilha! Oh! Que lindo!
Ah! Ainda bem que te encontrei!
Ui! Que dor de cabeça!
Bravo!
Viva!
Ao vencedor, as batatas!
Deus me livre!
Puxa vida!
Nossa senhora!

PREFIXOS E SUFIXOS

O conhecimento dos prefixos e sufixos é de indiscutível importância para a compreensão do sentido das palavras da língua portuguesa. Apresentamos a seguir um quadro com os principais prefixos e sufixos gregos e latinos que compõem o processo de formação de nossas palavras.

Você não precisa, claro, decorá-los, mas recomendamos a leitura desse quadro, porque, além de podermos ampliar o nosso vocabulário, podemos aprender também o significado de muitos termos e expressões do nosso português que foram herdados das línguas grega e latina.

• Prefixos latinos

PREFIXOS LATINOS	
ab, abs (afastamento, separação)	abuso, abstenção
ad, a (aproximação)	adjunto, apor
ambi (duplicidade)	ambivalência
ante (anterioridade)	antepor, anteceder, anteprojeto
bene, bem (bem, o que é bom)	bendizer
bis, bi (duas vezes)	bisavô, biconvexo
circum (movimento em torno)	circumpolar
contra (oposição)	contrapor
com, com, co (reunião, simultaneidade)	companhia, compatriota, consoante, cooperar
de (movimento para cima e para baixo)	decrescer
dis (divisão em duas partes, separação, afastamento, negação)	disjungir, disforme
des (separação, afastamento, negação, intensidade)	destravar, desonesto
ex, es, e (movimento para fora)	expatriar, escorrer, emigrante
extra (posição exterior)	extraordinário, extranumerário
in, im, i (negação ou movimento para dentro)	ilegal, impuro, imigrante
inter, entre (posição no meio)	internacional, entreaberto
infra (abaixo de)	infra-assinado, infraestrutura
intra, intro (posição dentro de alguma coisa, movimento para dentro)	intraverbal, intrapulmonar, introvertido, intrometer
justa (proximidade, posição ao lado de)	justapor, justalinear
ob, o (posição em frente)	obter, opor
per (através de, intensidade)	percorrer, perdurar
pene (quase)	penúltimo
pos, pós (ação posterior)	pospor, pós-graduação, pós-fixado

- Prefixos latinos / continuação

PREFIXOS LATINOS	
pre, pré (anterioridade no espaço e no tempo)	prepor, prefixo, prefixado, pré-nupcial
pro (movimento para frente, em favor de)	prosseguir, propugnar
re (movimento para trás, intensidade)	repetição, reaver, refazer
retro (movimento para trás)	retroagir
semi (metade)	semianalfabeto, semideus
sub (posição inferior)	subsolo
trans (movimento para além)	transandino, transporte
tres (intensidade)	tresloucado
ultra (posição além de certo limite)	ultraleve, ultraliberal

• Prefixos gregos

PREFIXOS GREGOS	
a, an (negação)	amoral, analfabeto
anfi (de um e outro lado, em torno, duplicidade)	anfíbio, anfiteatro
anti (ideia de oposição)	antiaéreo, anti-higiênico
arqui, arque, arce, arci (indica precedência, sobre-excelência, superioridade)	arquiduque, arquétipo, arcebispo, arcipreste
dia (movimento através, passagem)	diâmetro, diafilme
di (dois)	dissílabo, dipolo
dis (dificuldade)	disritmico, disúrico
endo (movimento em direção para dentro)	endovenoso
epi (posição superior, movimento para, em direção a, tendência)	epiderme
eu (bem, felizmente)	eufonia, euforia
hemi (meio)	hemisfério, hemiparasitismo
hiper (posição superior, sobre, além de)	hiperacidez, hipermercado
hipo (posição inferior)	hipoderme
peri (posição ou movimento em redor)	perímetro
sin (simultâneamente, reunião)	sincrônico, sintoma

• Sufixos

São terminações que agregam ao radical das palavras uma ideia acessória de aumento, diminuição, lugar, ação, agente, qualidade, coleção, doutrina etc.

SUFIXOS	
Aumentativos	
ão, alhão, arrão, zão, zarrão, eirão, aça, aço, alha, alho, anca, anzil, arra, astro, az, orra, uça, aréu	caldeirão, grandalhão, santarrão, homenzão, vozeirão, barcaça, ricaço, fornalha, politicalho, bicanca, corpanzil, naviarra, poetastro, lobaz, machorra, dentuça, fogaréu
Diminutivos	
acho, culo, eta, ete, ela, ico, im, inho, ino, ito, isco, olo, ola, ota, ucho, ulo, zinho	riacho, versículo, gotícula, maleta, diabrete, viela, namorico, flautim, mocinho, pequenino, rapazito, chuvisco, nucléolo, rapazola, sacola, velhota, gorducho, nódulo, jardinzinho
Indicadores de coleção, aglomeração	
ada, agem, al, ama, ame, aria, ário, dade, edo, eiro, io, ume, zal	boiada, filharada, plumagem, bambual, dinheirama, velame, cavalaria, formulário, cristandade, arvoredo, cancioneiro, mulherio, negrume, cafezal

• Sufixos / continuação

SUFIXOS	
Formadores de substantivos abstratos (qualidade, estado ou modo de ser)	
ez, eza, ice, (i) dade, ura	altivez, beleza, sovinice, brevidade, feiura
Formadores de adjetivos	
aico, al, ário, ático, douro, engo, eno, ento, esco, estre, eo, ício, ino, isco, onho, oso, tivo, tório, udo, vel	prosaico, espiritual, diário, problemático, aromático, vindouro, verdadeiro, mulherengo, terreno, poeirento, dantesco, terrestre, ósseo, vitalício, natalício, parabólico, purpurino, mourisco, medonho, risonho, gostoso, primoroso, afirmativo, lucrativo (só diacronicamente o sufixo é *ivo*), expiatório, satisfatório, barrigudo, orelhudo, notável, risível
Formadores de verbos	
e, ec, ej, esc, ic, ilh, inh, it, iz	clarear, adormecer, gotejar, florescer, bebericar, dedilhar, escrevinhar, saltitar, finalizar
Sufixo adverbial	
o sufixo **mente** é adicionado a um adjetivo, substantivo ou numeral, para formar um advérbio	claramente, principalmente, primeiramente, infelizmente, finalmente

SINTAXE

Como dissemos nas páginas iniciais desta gramática elementar, a sintaxe corresponde ao estudo das formas de relacionamento entre palavras ou entre orações. Divide-se em sintaxe das funções, que estuda a estrutura da oração e do período, a sintaxe das relações, a qual inclui a regência, a colocação pronominal e a concordância nominal e verbal.

Em outras palavras, a sintaxe é a parte da gramática que estuda as estruturas e os termos das orações, das frases e dos períodos. A análise sintática é o estudo das funções que as palavras desempenham nas orações e das relações que existem entre elas.

Comecemos, então, estudando a oração.

ORAÇÕES

Existem dois tipos de orações: as orações coordenadas e as subordinadas.

Orações coordenadas

São orações independentes, que não têm qualquer subordinação entre si, tanto podem ser separadas, porque cada uma tem um significado completo, como ser ligadas por uma conjunção, porque tratam de assunto correlato. As orações coordenadas se subdividem em dois grupos: **assindéticas** e **sindéticas**.

a) **coordenadas assindéticas** são as orações que não estão ligadas por uma conjunção. Exemplos:

> O frio veio do Sul, tomou conta da cidade, entrou pelas casas.
> Os bons exemplos devem ser imitados: o dos pais, dos professores, das grandes figuras públicas.

b) **coordenadas sindéticas** são as orações ligadas por meio de uma conjunção coordenativa. Elas se classificam de acordo com a natureza das conjunções que as unem. Exemplos:

ADTIVAS: Comprou o carro **e** foi passear. Não assistiu ao filme, **nem** comentou o enredo.
ADVERSATIVAS: A taxa de juros subiu, **mas** a Bolsa caiu. Armazenou todas as provisões; **no entanto**, esqueceu-se da água.
ALTERNATIVAS: Segue os meus conselhos **ou** toma outro rumo.
CONCLUSIVAS: Discursou bem, **portanto** mereceu os aplausos. Fez tudo certo, **então** mereceu o prêmio.

Orações subordinadas

São orações que dependem de uma oração principal e podem completar, esclarecer ou qualificar seu sentido. Em princípio, são de três tipos:

SUBSTANTIVAS: quando equivalem a um substantivo.
ADJETIVAS: quando desempenham, em relação à oração principal, o mesmo papel que um adjetivo.
ADVERBIAIS: aquelas que equivalem a um advérbio.

Exemplos de orações subordinadas:

Ele conseguiu o emprego, **que esperou por tanto tempo**.
Vou dedicar-me ao trabalho, **para alcançar independência financeira**.
Emília aguardou, ansiosa, **o que lhe diria o médico**.
Aproveite a vida, **enquanto pode**.
Use a minha casa, **como se fosse a sua**.
O aceitou **que as denúncias fossem verdadeiras**.

Além da classificação como coordenada ou subordinada, podemos distinguir, ainda, dois outros tipos de oração, as **absolutas** e as **principais**.

Nos exemplos citados anteriormente, a primeira oração é a **principal** e a segunda é **subordinada**.

SINTAXE DA ORAÇÃO

De um modo geral, toda oração é composta por dois termos chamados essenciais: o **sujeito** e o **predicado**.

Sujeito é o termo sobre o qual se declara algo. Predicado é o verbo e todos os complementos que vêm a ele associados e ou que dizem respeito ao sujeito. O sujeito pode ser **simples** (*João*) ou **composto** (*João e Maria*); pode ser **claro** (*João* conversa com Maria sobre o casamento) ou **oculto** (Conversamos (*nós*) sobre o casamento); **determinado** ou **indeterminado** (Roubaram meu carro); e **inexistente** (Chove muito).

Assim, a oração se divide em duas partes: o **sujeito** e o **predicado.**

Eu (sujeito)	tropecei na pedra do caminho. (predicado)

- Complementos verbais ou regência verbal

Para completar o seu sentido, os verbos podem ser transitivo direto ou transitivo indireto. É o complemento verbal que indica o ser em favor do qual ou em relação ao qual se realiza a ação expressa pelo verbo. Os principais complementos verbais são o **objeto direto** e o **objeto indireto**.

O **objeto direto** recebe esse nome porque está diretamente ligado ao verbo, sem qualquer elemento intermediário (preposição). Exemplo:

João comprou **o livro** (objeto direto).

O **objeto indireto** é o complemento que só se liga ao verbo com a ajuda de uma preposição. Exemplos:

Vou **a Paris** (objeto indireto).
Vendi o **cavalo** (objeto direto) **ao feirante** (objeto indireto).
Ligou-se **à Igreja** (objeto indireto), por vocação religiosa.
Escreveu ao **Papa** (objeto indireto) pedindo-**lhe** (objeto indireto) **a benção** (objeto direto).

O **objeto indireto** pode ser representado por um substantivo, por um pronome oblíquo ou por um pronome indefinido etc.

- Predicação verbal

A Nomenclatura Gramatical Brasileira (NGB), expedida com a Portaria nº 36, de 28 de janeiro de 1959, do Ministro de Estado da Educação e Cultura, estabelece três formas de predicação verbal:

VERBO DE LIGAÇÃO
VERBO INTRANSITIVO
VERBO TRANSITIVO: DIRETO E INDIRETO

Verbo de ligação é o que serve para ligar o predicado ao sujeito. O verbo de ligação, por excelência, é o verbo **ser**, mas existem outros verbos que também podem servir de ligação (acabar, terminar etc.). Exemplo:

Eu **sou** o homem que você procurava; você **é** a mulher que eu amo.

Verbo intransitivo é aquele que não pede complemento, nem objeto direto, nem indireto. Exemplo:

As dores **sumiram**.

Às vezes, o verbo intransitivo vem acompanhado de um adjunto adverbial, que é uma explicação adicional. Exemplo:

As dores sumiram **do corpo**.

Verbo transitivo é aquele que se liga a outro elemento da oração, chamado objeto. Essa ligação pode ser feita diretamente, sem intermediário, como é o caso do verbo transitivo direto, que se liga ao objeto direto, sem ajuda de preposição. Exemplo:

Ele comprou o livro. Ele comprou livros.

O verbo **transitivo indireto** é o que necessita de uma preposição, como ponte, para ligar-se ao objeto indireto. Exemplos:

Ele interessou-se **por** ela.
Eu fui **a** Paris.
Ele veio **de** Londres.

Existe, como dissemos, uma categoria de verbos que pede, além do objeto direto, um objeto indireto. Exemplos:

Eu comprei **a casa de Pedro**.
Ele pediu **o jantar ao garçom**.

ATENÇÃO!

Em caso de dúvida, recorra ao dicionário. Ele vai indicar se o verbo é intransitivo, transitivo ou transitivo direto e indireto.

As regras relativas à regência verbal são bastante complexas e, às vezes, nos confundem. Procure aprender as regras básicas e utilizar o bom senso, sem a aflição ou preocupação de memorizar todas elas.

O importante é praticar a regra básica: quem compra, compra alguma coisa (objeto direto) de alguém (objeto indireto). Quem entrega, entrega alguma coisa (objeto direto) a alguém (objeto indireto). É por aí que se descobre a regência do verbo: se é transitivo direto, indireto ou bitransitivo.

PONTUAÇÃO

- Observações sobre a pontuação, especialmente o emprego da vírgula

A propósito do estudo da oração, incluímos nesta seção algumas regras básicas de pontuação:

- Depois da vírgula, do ponto e vírgula e dos dois-pontos, as palavras ou frases que seguem começam com letras minúsculas. Após o ponto e os pontos de exclamação e interrogação, as frases começam com letras maiúsculas.

- Regra básica importante: não se pode separar, com vírgula, o sujeito do verbo a que ele se refere.

- Além de simples sinal de pausa, o uso da vírgula é fundamental para a interpretação do texto e sua apropriada entonação. Aprenda a fazer corretamente o uso da vírgula. É importante.

Veja que interessante a campanha dos 100 anos da ABI (Associação Brasileira de Imprensa) sobre a vírgula. Leia o que se segue:

VÍRGULA PODE SER UMA PAUSA...OU NÃO
Não, espere. Não espere.

PODE CRIAR HERÓIS
Isso só, ele resolve. Isso só ele resolve.

E VILÕES
Esse, juiz, é corrupto. Esse juiz é corrupto.

A VÍRGULA MUDA UMA OPINIÃO
Não queremos saber. Não, queremos saber.

A VÍRGULA PODE CONDENAR OU SALVAR
Não tenha clemência! Não, tenha clemência.

UMA VÍRGULA MUDA TUDO
Se o homem soubesse o valor que tem a mulher andaria de quatro à sua procura.

Se você for mulher, certamente colocou a vírgula depois de **mulher**. Se você for homem, colocou a vírgula depois de **tem**.

REGÊNCIA NOMINAL E VERBAL

Um capítulo importante da gramática e que merece atenção especial para fins de análise sintática é o que trata da regência, ou seja, das formas que nos ajudam a entender o sentido das frases, como é o caso da regência nominal, ou a estabelecer a ligação correta entre os verbo e os predicados que o completam.

- Nomes obrigatoriamente regidos de preposição

acessível **a**	generoso **com**
acostumado **a, com**	hábil **em**
aflito **com, por**	habituado **a**
agradável **a**	horror **a, de, por**
alheio **a**	idêntico **a**
amante **de**	inerente **a**
apegado **a**	intransigente **com, em**
avesso **a**	inveja **a, de**
benéfico **a**	leal **a**
capaz **de**	lento **em**
certo **de**	medo **a, de**
compatível **com**	natural **de**
compreensível **a**	negligente **em**
contemporâneo **a, de**	nocivo **a**
contrário **a**	orgulhoso **com, de, por, em**
cruel **com, para, para com**	perito **em**
desatento **a**	predileção **por, para com**
descontente **com**	próprio **a, de, para**
diferente **de**	relacionado **com**
digno **de**	seguro **de, em**
equivalente **a**	semelhante **a**
estima **a, de, por**	suspeito **de**
fanático **por**	união **a, com, de, entre**
favorável **a**	útil **a, para**
firme **em**	vazio **de**

- Verbos regidos de preposição

Verbo	Regência	Exemplo
Agradar Anuir	Exigem a preposição **a.**	A medida provisória não **agradou à** bancada. O presidente **anuiu à** proposta do relator.
Aspirar	Com o sentido de respirar dispensa preposição. Na acepçao de desejar, pretender, usa-se preposição.	Toda manhã, **aspiramos o** ar puro da montanha. O deputado **aspira** à liderança da bancada.
Assistir (dupla regência)	Com o sentido de ajudar, cuidar, socorrer, prestar assistência é transitivo direto; Quando seu significado é presenciar, estar presente, comparecer, exige objeto indireto.	O médico **assiste** o paciente. O professor assistiu o aluno durante toda a fase pré-vestibular. **Assistiu** ao espetáculo. **Assisti a** um bom jogo. Ficou até alta madrugada **assistindo à** luta pela TV.
	Assim como presidir e aspirar, entre outros, o verbo assistir não admite a forma pronominal lhe. Assim, dizemos, com referência a assistir ao jogo: Eu assisti a ele (e não lhe assisti).	
Atender	Para pessoas, use a regência direta (atender alguém) Use também a regência direta para telefone, campainha, bairro, cidade, região etc. Para coisas (pedidos, sugestões, intimações etc.), adote a regência indireta.	O médico atendeu **o** doente. O governo atenderá os prefeitos. Atendeu **o** telefone. O prefeito disse que atenderá a Zona Norte. Atendeu **aos** pedidos do pai. Atenderam **às** solicitações.

- Verbos regidos de preposição / continuação

Verbo	Regência	Exemplo
Chamar	No sentido de fazer ou mandar ir (ou vir), é transitivo direto. No sentido de tachar, qualificar, pode ou não introduzir preposição.	O presidente **chamou** os deputados para que a votação fosse iniciada.
Consistir	Na acepção de constituir-se, exige a preposição **em**. Alguns gramáticos admitem a forma **consiste de** na acepção de **compor-se de**.	A proposta do deputado **consiste** em abrandar a lei. O projeto **consiste de** dois artigos e três parágrafos.
Favorecer	É transitivo direto.	A essência da proposta de emenda constitucional **favorece** os aposentados.
Implicar	No sentido de ser causa de, acarretar, não há preposição. No sentido de mostrar-se impaciente, antipatizar, pede o complemento **com**.	A proposta de reforma **implica grandes** sacrifícios para a bancada. (Alguns gramáticos aceitam a forma implicar em com a mesma acepção.) O orador implicou **com a** insistência do deputado em aparteá-lo.
Informar	Transitivo direto. Transitivo indireto	Informar **o** que se passa no Congresso. Informar **o** chefe sobre as ocorrências. Informá-**lo** do que aconteceu. Vimos informar-**lhe** que as contas foram aprovadas.

Verbo	Regência	Exemplo
Obedecer	Transitivo indireto	O presidente **obedeceu ao** disposto no Regimento Interno.
Visar	Com o sentido de objetivar, ter em vista, é transitivo indireto.	O projeto **visa ao** atendimento da reivindicação dos juízes.
	Na acepção de passar visto, apontar, é transitivo direto.	O assaltante **visou a** vítima e atirou. O gerente **visou o** cheque.
	Porém, gramáticas modernas já aceitam a dispensa da preposição na primeira hipótese.	
	Quando o complemento de visar é um verbo, a preposição costuma ser dispensada.	Esse projeto **visa reduzir** a carga tributária das pequenas empresas.
Verbos que exprimem a ideia de movimento exigem **a**, e não **em**.		**Chegou a** Paris. **Vou ao** teatro no próximo sábado.

O estudo da regência verbal e nominal nos reporta ao estudo do fenômeno da crase. Não se trata de um assunto ligado à acentuação, mas à regência.

CRASE

Crase não é acento, mas uma característica da crase é o acento grave. A crase, em seu sentido mais comum, é a contração da preposição **a** com o artigo **a**. O que indica a necessidade da crase é a regência do verbo ou do nome, aquele que só se une ao complemento através de uma ponte, de uma preposição. No caso, a preposição **a**.

Vejamos o caso do verbo **ir**. Quem vai, vai **a** algum lugar, pois, o verbo *–ir* é transitivo indireto. Então, temos: Eu vou **a+a** praia = eu vou **à** praia. Eu vou **à** China.

Regra básica: por definição, só há crase antes de palavras femininas.

ATENÇÃO!

Se o verbo é transitivo direto não há crase, pois não há a preposição a como complemento de ligação. Exemplos:

Ele vendeu **a** bicicleta.
Eu aprendi **a** lição.

A regra prática, para saber se ocorre crase ou não ou não, é substituir o substantivo feminino por um masculino; se, nesse caso, a ligação se faz com a+o, então, o verbo é transitivo indireto. Exemplo:

Fui **ao** supermercado.
Amanhã, vou **à** feira.
Devolvi o livro **ao** livreiro.
Devolvi o livro **à** biblioteca.
Entreguei o presente **ao** irmão dela.
Entreguei o presente **à** irmã dela.

Assim, onde o masculino é precedido de **ao,** o feminino é precedido de **à**. A crase não se dá só com o artigo **a**. Existe crase, também, com os pronomes demonstrativos, relativos e possessivos. Exemplos:

Vendemos a casa **àquele** amigo nosso.
Ele não se referiu **àquelas** pessoas.
Esta é a obra **à** qual o professor se referiu.
A camisa dele é igual **à** minha (o sapato dele é igual **ao** meu).

Veja a utilidade de fazer o teste com uma palavra masculina, para saber se há crase frente a uma palavra feminina equivalente.

É importante saber que antes dos pronomes possessivos a crase é opcional. Por exemplo:

> Respondo **à** sua pergunta ou respondo a sua pergunta.
> Refiro-me **à** sua irmã ou refiro-me a sua irmã.

Por que na oração "Refiro-me a seu pai" não ocorre a crase? Simplesmente porque **pai** é uma palavra masculina.

Além desses exemplos básicos, há muitos outros casos especiais de uso da crase. São exceções. Não adianta decorá-los, basta procurar seguir as regras básicas. Exemplos de casos especiais:

> **Às** vezes, almoçamos juntos.
> **À** medida em que o tempo passa...
> Vendas **à** vista.
> O almoço foi servido **à** francesa (à moda francesa).
> O vestido foi feito **às** pressas.
> Ele andava **às** cegas.
> Ele obedece **às** ordens.
> Ele não sai **à** noite.
> Enamoraram-se **à** primeira vista.
> Aconteceu **à** última hora.
> Ela costura **à** mão.
> Vire à esquerda ou **à** direita.
> Sentou-se **à** mesa (e não na mesa), do mesmo modo que falou ao telefone e não no telefone.
> A reunião será das 10 h **às** 14 h.
> Ele dorme **à** meia noite e acorda **às** 7 h da manhã.
> O Seminário será de 2^a a 6ª feira (sem crase).
> As reuniões serão **às** 2as. e **às** 6as. feiras (com crase).
> O almoço será servido **às** 14 h (com crase).

ATENÇÃO!

Não ocorre crase:

a) antes dos verbos no infinitivo. Exemplo: **a** partir de hoje; **a** começar o trabalho.

b) antes dos pronomes de tratamento, como V.Sa. ou V.Exa. Exemplo: Dirijo-me **a** V.Sa. para reiterar o pedido.

OBSERVAÇÃO:

Constituem exceções os pronomes de tratamento: senhora, senhorita, dona etc. Exemplos: Dirigiu-se **à** senhora, asperamente. Pedi **à** Dona Maria que me ajudasse.

c) entre substantivos iguais: gota a gota, passo a passo

Um caso de emprego facultativo do acento de crase é o que se refere a determinada pessoa feminina. Exemplo:

Ele entregou **à** Maria a carta do chefe (quem entrega, entrega alguma coisa a alguém).

Perdura, ainda, alguma dúvida com relação à expressão à distância, mas o correto é usar mesmo o acento indicativo de crase em expressões como ensino à distância. Neste caso, segundo o professor e gramático Evanildo Bechara, não se trata de crase, mas de um acento grave diferencial, por se tratar de uma locução adjetiva. O mesmo que: ele foi levado à força; ela gosta de comida **à francesa**.

ANEXO I

DECRETO Nº 6.583, DE 29 DE SETEMBRO DE 2008.

Promulga o Acordo Ortográfico da Língua Portuguesa,
assinado em Lisboa, em 16 de dezembro de 1990

O PRESIDENTE DA REPÚBLICA, no uso da atribuição que lhe confere o art. 84, inciso IV, da Constituição, e Considerando que o Congresso Nacional aprovou, por meio do Decreto Legislativo no 54, de 18 de abril de 1995, o Acordo Ortográfico da Língua Portuguesa, assinado em Lisboa, em 16 de dezembro de 1990;

Considerando que o Governo brasileiro depositou o instrumento de ratificação do referido Acordo junto ao Ministério dos Negócios Estrangeiros da República Portuguesa, na qualidade de depositário do ato, em 24 de junho de 1996;

Considerando que o Acordo entrou em vigor internacional em 1º de janeiro de 2007, inclusive para o Brasil, no plano jurídico externo;

DECRETA:

Art. 1º O Acordo Ortográfico da Língua Portuguesa, entre os Governos da República de Angola, da República Federativa do Brasil, da República de Cabo Verde, da República de Guiné-Bissau, da República de Moçambique, da República Portuguesa e da República Democrática de São Tomé e Príncipe, de 16 de dezembro de 1990, apenso por cópia ao presente Decreto, será executado e cumprido tão inteiramente como nele se contém.

Art. 2º O referido Acordo produzirá efeitos somente a partir de 1º de janeiro de 2009.

Parágrafo único. A implementação do Acordo obedecerá ao período de transição de 1° de janeiro de 2009 a 31 de dezembro de 2012, durante o qual coexistirão a norma ortográfica atualmente em vigor e a nova norma estabelecida.

Art. 3° São sujeitos à aprovação do Congresso Nacional quaisquer atos que possam resultar em revisão do referido Acordo, assim como quaisquer ajustes complementares que, nos termos do art. 49, inciso I, da Constituição, acarretem encargos ou compromissos gravosos ao patrimônio nacional.

Art. 4° Este Decreto entra em vigor na data de sua publicação.
Brasília, 29 de setembro de 2008; 187° da Independência e 120o da República.

RESUMO
Acordo ortográfico da língua portuguesa / (1990)

Do alfabeto e dos nomes próprios estrangeiros e seus derivados

1°) O alfabeto da língua portuguesa é formado por vinte e seis letras, cada uma delas com uma forma minúscula e outra maiúscula:

a	A	j	J	s	S
b	B	k	K	t	T
c	C	l	L	u	U
d	D	m	M	v	V
e	E	n	N	w	X
f	F	o	O	x	Y
g	G	p	P	y	Z
h	H	q	Q	z	
i	I	r	R		

As letras **k**, **w** e **y** usam-se nos seguintes casos especiais:

a) Em nomes próprios de pessoas (antropônimos) e de lugares (topônimos) originários de outras línguas e seus derivados: *Franklin, frankliniano; Kant, kantismo; Darwin, darwinismo; Wagner, wagneriano; Byron, byroniano; Taylor, taylorista; Kuwait, kuwaitiano; Malawi, malawiano;*

b) Em siglas e símbolos e mesmo em palavras adotadas como unidades de medida de curso internacional: *TWA, KLM; K-potássio* (de *kalium*), *W-oeste* (*West*); *kg-quilograma*, *km-quilómetro*, *kw-kilowatt*, *yd-jarda* (*yard*); *Watt*.

Do h inicial

O **h** inicial emprega-se por força da etimologia: *haver, hélice, hera, hoje, hora, homem, humor*.

O **h** inicial suprime-se quando, apesar da etimologia, a sua supressão está inteiramente consagrada pelo uso: *erva*, em vez de *herva*; e, portanto, *ervoso* (em contraste com *herbáceo, herbanário, herboso*, formas de origem erudita), e quando, por via de composição, o elemento em que figura se aglutina ao precedente: *desarmonia, desumano, exaurir, inábil, lobisomem, reabilitar, reaver*.

O **h** inicial mantém-se, no entanto, quando, numa palavra composta, pertence a um elemento que está ligado ao anterior por meio de hífen: *anti-higiênico, pré-história, sobre-humano.*

REGRA:

Emprega-se o hífen nas palavras compostas em que o segundo elemento começa com a letra **h**.

Emprego do hífen

1º) Emprega-se o hífen nas palavras compostas por justaposição que não contêm formas de ligação e cujos elementos, de natureza nominal, adjetival, numeral ou verbal, constituem uma unidade sintagmática e semântica e mantêm acento próprio: *ano-luz, arco-íris, decreto-lei, médico-cirurgião, tenente-coronel, tio-avô, amor-perfeito, guarda-noturno, mato-grossense, norte-americano, porto-alegrense, sul-africano; afro-asiático, afro-luso-brasileiro, azul-escuro, luso-brasileiro, primeiro-ministro, segunda-feira; conta-gotas, finca-pé, guarda-chuva*.

OBSERVAÇÃO:

Certos compostos, em relação aos quais se perdeu, em certa medida, a noção de composição, grafam-se aglutinadamente: *girassol, madressilva, mandachuva, pontapé, paraquedas, paraquedista*, etc.

2º) Emprega-se o hífen nos topônimos compostos, iniciados pelos adjetivos grã, grão ou por forma verbal ou cujos elementos estejam ligados por artigo: *Grã-Bretanha, Grão-Pará; Passa-Quatro, Baía de Todos-os-Santos, Trás-os-Montes*.

OBSERVAÇÃO:

Os outros topônimos compostos escrevem-se com os elementos separados, sem hífen: *América do Sul, Belo Horizonte, Cabo Verde, Castelo Branco*, etc. O topônimo *Guiné-Bissau* é, contudo, uma exceção consagrada pelo uso.

3º) Emprega-se o hífen nas palavras compostas que designam espécies botânicas e zoológicas, estejam ou não ligadas por preposição ou qualquer outro elemento: *couve-flor, erva-doce, ervilha-de-cheiro, fava-de-santo-inácio; bem-me-quer* (nome de planta), *formiga-branca; andorinha-do-mar, cobra-d'água, bem-te-vi* (nome de um pássaro).

4º) Emprega-se o hífen nos compostos com os advérbios bem e mal, quando estes formam com o elemento seguinte uma unidade sintagmática e semântica e tal elemento começa por **vogal** ou **h**. No entanto, o advérbio **bem**, ao contrário do **mal**, pode não se aglutinar com palavras começadas por consoante. Exemplos: *bem-aventurado, bem-estar, bem-humorado; mal-afortunado, mal-estar, mal-humorado; bem-criado* (cf. *malcriado*), *bem-falante* (cf. *malfalante*), *bem-mandado* (cf. *malmandado*), *bem-nascido* (cf. *malnascido*), *bem-visto* (cf. *malvisto*).

OBSERVAÇÃO:

Em muitos compostos, o advérbio **bem** aparece aglutinado com o segundo elemento, quer este tenha ou não vida à parte: *benfazejo, benfeito, benfeitor, benquerença*, etc.

5º) Emprega-se o hífen nos compostos com os elementos **além**, **aquém**, **recém** e **sem**: *além-Atlântico, além-mar, além-fronteiras; aquém-mar, recém-casado, recém-nascido; sem-cerimônia, sem-vergonha*.

6º) Nas locuções de qualquer tipo, não se emprega em geral o hífen tais como: cão de guarda, fim de semana, sala de jantar (substantivos), cor de café com leite, cor de vinho (adjetivas), cada um, ele próprio, nós mesmos, quem quer que seja (pronominais); à parte (note-se o substantivo aparte), à vontade, depois de amanhã, em cima, por isso (adverbiais), abaixo de, acerca de, acima de, a fim de, a par de, apesar de, debaixo de, enquanto a, etc. (prepositivas).

Do hífen nas formações por prefixação, recomposição e sufixação

1º) Nas formações com prefixos (como, por exemplo: *ante-*, *anti-*, *circum-*, *co-*, *contra-*, *entre-*, *extra-*, *hiper-*, *infra-*, *intra-*, *pós-*, *pré-*, *pró-*, *sobre-*, *sub-*, *super-*, *supra-*, *ultra-*, etc.) e em formações por recomposição, isto é, com elementos não autônomos ou falsos prefixos, de origem grega e latina (tais como: *aero-*, *agro-*, *arqui-*, *auto-*, *bio-*, *eletro-*, *geo-*, *hidro-*, *inter-*, *macro-*, *maxi-*, *micro-*, *mini-*, *multi-*, *neo-*, *pan-*, *pluri-*, *proto-*, *pseudo-*, *retro-*, *semi-*, *tele-*, etc.), só se emprega o hífen nos seguintes casos:

a) Nas formações em que o segundo elemento começa por **h**: *anti-higiênico, circum-hospitalar, co-herdeiro, contra-harmônico, extra-humano, pré-história, sub-hepático, super-homem, ultra-hiperbólico; arqui-hipérbole, eletro-higrômetro, geo-história, neo-helênico, pan-helenismo, semi-hospitalar.*

OBSERVAÇÃO:

Não se usa, no entanto, o hífen em formações que contêm os prefixos **des-** e **in-** e nas quais o segundo elemento perdeu o **h** inicial: *desumano, desumidificar, inábil, inumano,* etc.

b) Nas formações em que o prefixo termina na mesma vogal com que se inicia o segundo elemento: *anti-ibérico, anti-inflacionário; contra-almirante, auto-observação, micro-onda, semi-interno*. **Regra**: os iguais se repelem).

OBSERVAÇÃO:

Nas formações com o prefixo **co-**, este aglutina-se em geral com o segundo elemento mesmo quando iniciado por **o**: *coobrigação, coocupante, coordenar, cooperação, cooperar,* etc.

c) Nas formações com os prefixos **circum-** e **pan-**, quando o segundo elemento começa por vogal, **m** ou **n** (além de **h**, caso já considerado atrás na alínea a): *circum-escolar, circum-murado, circum-navegação; pan-africano*.

d) Nas formações com os prefixos **hiper-**, **inter-** e **super-**, quando combinados com elementos iniciados por **r**: *hiper-requintado, inter-resistente, super-revista*.

e) Nas formações com os prefixos **ex-** (com o sentido de estado anterior ou cessamento), **sota-**, **soto-** e **vice-**: *ex-diretor, ex-presidente, sota-piloto, vice-presidente, vice-reitor*.

f) Nas formações com os prefixos tônicos acentuados graficamente **pós-**, **pré-** e **pró-** quando o segundo elemento tem vida à parte (ao contrário do que acontece com as correspondentes formas átonas que se aglutinam com o elemento seguinte): *pós-graduação, pós-tónico/ pós-tônicos* (mas *pospor*); *pré-escolar, pré-natal* (mas *prever*); *pró-africano, pró-europeu* (mas *promover*).

2º) Não se emprega, pois, o hífen:

a) Nas formações em que o prefixo ou falso prefixo termina em vogal e o segundo elemento começa por **r** ou **s**, devendo estas consoantes duplicar-se, prática, aliás, já generalizada em palavras deste tipo pertencentes aos domínios científico e técnico. Assim: *antirreligioso, antissemita, contrarregra, comtrassenha, cosseno, extrarregular, infrassom, minissaia, tal como biorritmo, biossatélite, eletrossiderurgia, microssistema, microrradiografia.*

b) Nas formações em que o prefixo ou pseudoprefixo termina em vogal e o segundo elemento começa por vogal diferente, prática esta em geral já adotada também para os termos técnicos e científicos. Assim: *antiaéreo, coeducação, extraescolar; aeroespacial, autoestrada, autoaprendizagem, agroindustrial, hidroelétrico, plurianua.* **Regra**: os diferentes se atraem.

c) Nas demais formações com prefixo **hiper** e **super**: *hipermercado e supermercado.*

3º) Nas formações por sufixação apenas se emprega o hífen nos vocábulos terminados por sufixos de origem **tupi-guarani** que representam formas adjetivas, como *açu, guaçu* e *mirim*, quando o primeiro elemento acaba em vogal acentuada graficamente ou quando a pronúncia exige a distinção gráfica dos dois elementos: *amoré-guaçu, anajá-mirim, andá-açu, capim-açu, Ceará-Mirim.*

Do hífen na ênclise, na tmese[1] e com o verbo haver:

1º) Emprega-se o hífen na **ênclise** e na **tmese**: *amá-lo, dá-se, deixa-o, partir-lhe; amá-lo-ei, enviar-lhe-emos*.

2º) Não se emprega o hífen nas ligações da preposição **de** às formas monossilábicas do presente do indicativo do verbo haver: *hei de, hás de, hão de*, etc.

[1] Tmese significa o mesmo que mesóclise.

REFERÊNCIAS BIBLIOGRÁFICAS

ANDRÉ, Hidelbrando A. de. *Gramática ilustrada*. São Paulo: Moderna, 1982.

BRASIL. Ministério da Educação e Cultura. *Portaria n. 36, de 28 de janeiro de 1959*. Nomenclatura Gramatical Brasileira (NGB). Rio de Janeiro, 1959.

CEREJA, William Roberto; MAGALHÃES, Tereza Cochar. *Gramática reflexiva*. São Paulo: Atual, 1999.

CUNHA, Celso; CINTRA, Lindley. *A nova gramática do português contemporâneo*. 3. ed. Rio de Janeiro: Nova Fronteira, 2001.

HOLLANDA, Aurélio Buarque de. *Novo dicionário da língua portuguesa*. Rio de Janeiro: Nova Fronteira, 1986.

HOUAISS, Antônio. *Dicionário Houaiss da língua portuguesa*. Rio de Janeiro: Objetiva, 2001.

INFANTE, Ulisses. *Curso de gramática aplicada aos textos*. 5. ed. São Paulo: Scipione, 1999.

LIMA, Carlos Henrique Rocha. *Gramática normativa da língua portuguesa*. Rio de Janeiro: J. Olympio, 1992.

MACEDO, Walmírio. *Dicionário de gramática*. Rio de Janeiro: Ediouro, 1979.

MELO, Gladstone Chaves de. *Gramática fundamental da língua portuguesa*. Rio de Janeiro: Ao Livro Técnico, 1978.

REIS, Otávio. *Breviário da conjugação de verbos*. 37. ed. Rio de Janeiro: F. Alves, 1978.

RIBEIRO, Manoel P. *Gramática aplicada da língua portuguesa*. Brasília: Ed. do Autor, 1988.

VASCONCELOS, Otelo Viveiros de. *Verbos portugueses e rudimentos de análise léxica.* São Paulo: DJ&AS, 1980.

REPRESENTANTES COMERCIAIS

EDITORA SENAC RIO DE JANEIRO
Rua Pompeu Loureiro, 45/ 11º andar – Copacabana
CEP: 22061-000 – Rio de Janeiro – RJ
e-mail: comercial.editora@rj.senac. br

EDITORA SENAC SÃO PAULO
Rua Rui Barbosa, 377 / 1º andar – Bela Vista
CEP 01326-010 – São Paulo – SP
Tel: (11) 2187-4450
Fax: (11) 2187-4486
e-mail: editora@sp.senac.br

Este livro foi impresso em maio de 2013 pela gráfica Imos em papel off-set 90 g/m² no miolo e cartão supremo 250 g/m² na capa.